Comment vivre une vie de sainteté?

Malory Laurent

Salvation Church of God
5601 Avenue N
Brooklyn, NY 11234
info@salvationcog.org

ISBN: 979-8-9887913-0-0

Table Des Matières

Dédicace

À ma valeureuse épouse Mikerline, merci pour votre soutien indéfectible depuis plus de deux décennies. À mes fils Mike, Caleb, Daniel et ma fille Hadassah d'avoir fait de moi le père que je suis devenu.

Préface

Nous sommes à une période où les activités humaines exercent une influence capitale sur l'environnement en général. Une période marquée par l'apostasie, plongée dans le désarroi le plus profond. De ce fait, s'approcher de Dieu n'est plus que jamais une option, mais une nécessité.

Dans cette perspective, un homme de Dieu, le Révérend Malory LAURENT, pasteur de la Salvation Church of God (Église de Dieu du Salut), conscient du déclin vertigineux de la foi chrétienne, concerné par le rythme exponentiel de l'avancement des oeuvres de Satan afin de faire perdre des âmes, nous offre un excellent ouvrage intitulé : « COMMENT VIVRE UNE VIE DE SAINTETÉ ? ».

Ce manuel décrit très clairement l'importance d'une vie sainte ainsi que les étapes pour y parvenir. Il présente le Saint-Esprit comme un agent indispensable d'une vie sanctifiée, exigence faite à tous ceux qui ont fait choix de Jésus comme leur Sauveur personnel. La vie de sainteté doit être exercée et recherchée dans le quotidien de notre existence.

J'ai suivi l'auteur depuis plus d'une décennie et la sanctification a toujours été l'un de ses thèmes favoris en matière de prédication. De plus, sa carrière ministérielle a toujours été influencée par une vie progressivement sanctifiée.

Ce livre est donc offert à tous ceux qui désirent continuer ou mener une vie dans la sanctification qui, selon la Bible, est le processus par lequel une personne se consacre à Dieu et, par conséquent, refuse le péché dans sa vie. C'est une œuvre progressive qui nous rend de plus en plus libres à l'égard du péché et de plus en plus semblables à Christ dans nos faits et gestes de chaque jour.

Mes Frères et Soeurs dans le Seigneur, je vous invite à faire de cette œuvre votre livre de chevet pour votre mûrissement spirituel et je vous assure que vous ne le regretterez pas.

Rév. Renaud FENELUS

Introduction

« Ce que Dieu veut, c'est votre sanctification... » (1 Thessaloniciens 4 : 3). Cette déclaration de l'apôtre Paul dans sa première lettre aux chrétiens de Thessalonique illustre l'importance de la sanctification aux yeux de Dieu.

La bible dit que *personne ne peut nous séparer de l'amour de Dieu manifesté en Jésus-Christ.* Dieu nous aime de toute éternité et veut établir une relation intime et profonde avec chacun de nous. Ceci est vrai pour l'humanité entière, mais d'autant plus pour les enfants de Dieu. Je parle de ceux qui ont reçu Jésus comme leur sauveur personnel et le seigneur de leur vie.

Pourtant, il arrive souvent que des enfants de Dieu passent par des déserts spirituels, des moments où la relation avec Dieu semble froide et distante. Si de nombreuses causes peuvent être à l'origine de ces déserts, nous souhaitons réfléchir à l'une des plus grandes, la sanctification.

La sanctification et l'influence de l'Église

L'homme vit en société. C'est d'ailleurs le moyen par lequel il construit des relations avec ses semblables. Cette société, à l'image des hommes qui la constituent, est dynamique. Les pratiques d'hier ne sont pas celles d'aujourd'hui, les valeurs d'aujourd'hui ne sont pas celles de demain.

Progrès scientifiques, avancées technologiques, évolutions des mœurs, quelle que soit la manière dont le changement est apporté au sein d'une société, il peut être un puissant instrument du diable.

La bible ne dit-elle pas que le monde entier est sous la puissance du malin? Voilà pourquoi l'évolution de la société, tout en apportant de bonnes choses, contribue à éloigner davantage les humains de Dieu et à les façonner suivant un système de pensée contraire aux principes de son Royaume.

De ce fait, le chrétien d'aujourd'hui doit veiller à ne pas se contenter de reproduire les modèles que lui présente la société.

Le chrétien est d'abord et avant tout un citoyen céleste qui habite la terre de manière passagère. Lorsque le chrétien se contente de reproduire les modèles qui lui sont imposés par le monde, il ignore sa mission première dans le monde qui est d'être un témoin de Jésus-Christ de Nazareth.

« *Mais* », disait Jésus, « *vous recevrez une puissance, le Saint-Esprit survenant sur vous, et vous serez mes témoins à Jérusalem, dans toute la Judée, dans la Samarie, et jusqu'aux extrémités de la terre* » (Actes 1:8). Être témoin de Jésus, c'est de porter sa parole par la prédication de l'évangile du Salut mais c'est aussi de vivre l'évangile.

De ce fait, le chrétien, au lieu d'être influencé par ce qui se fait dans le monde, doit plutôt lui-même influencer les autres.

A cette fin, aux chrétiens, la bible commande de ne point aimer ce monde ni les choses qui y sont.

Pourtant, aujourd'hui l'amour du monde gagne le cœur des chrétiens. Très souvent, la parole de Dieu est reléguée au second plan.

Ce rejet de la parole conduit à un manque d'intérêt pour la sanctification dans l'église. En conséquence, l'Église a peu d'influence.

La sanctification et le retour de Jésus

Les chrétiens doivent être conscients du fait que les combats qui se mènent sur la terre sont d'abord spirituels. Nous ne luttons pas « *contre la chair et le sang, mais contre les dominations, contre les autorités, contre les princes de ce monde de ténèbres, contre les esprits méchants dans les lieux célestes* » (Éphésiens 6 : 12).

Par exemple, si les gouvernements font la guerre et votent des lois immorales, c'est simplement parce qu'ils sont conduits, influencés par ces esprits malfaisants.

Parmi les plus grands combats de l'église d'aujourd'hui, la distraction et l'apostasie dont les outils sont de plus en plus utilisés par le diable.

Pour ce faire, il conduit les chrétiens à se focaliser sur tout ce qui peut remplacer le vrai évangile. L'Église est distraite par des choses futiles ou par des doctrines contraires à la saine doctrine. Elle ne prépare pas le retour de Jésus.

Pourtant, les prophéties bibliques sont en train de s'accomplir. La bible avait déjà précisé par le truchement de Daniel, qui avait vu en songe quatre (4) grands animaux qui représenteront quatre (4) rois de la terre (Daniel 7 : 3), que la fin des temps s'accompagnera d'une période de grandes difficultés pour les chrétiens. Le quatrième animal représente un quatrième royaume qui existera sur la terre, différent de tous les royaumes, et qui dévorera toute la terre, la foulera et la brisera (Daniel 7 : 23).

La sculpture offerte à l'Organisation des nations unies par le Gouvernement du Mexique, érigée devant le siège social de l'ONU à New-York en 2021 rappelle étrangement la vision de Daniel. En effet, dans cette vision, Daniel prophétise qu'on assistera au règne de la bête et de ses serviteurs. A cela s'ajoute les prescriptions du verset 25 de ce même chapitre qui affirme qu' « *il prononcera des paroles contre le Très Haut, il opprimera les saints du Très Haut, et il espérera changer les temps et la loi; et les saints seront livrés entre ses mains pendant un temps, des temps, et la moitié d'un temps* ».

Les prédictions du prophète Daniel sont en train de se concrétiser. Il faut donc également attendre le jugement prophétisé dans le verset 26 du même chapitre 7.

L'apôtre Jean décrit dans le livre d'Apocalypse, le chapitre treizième, du premier verset jusqu'au dernier, un scénario similaire : « *La bête que je vis était semblable à un léopard; ses pieds étaient comme ceux d'un ours, et sa gueule comme une gueule de lion. Le dragon lui donna sa puissance, et son trône, et une grande autorité* » (Apocalypse 13 : 2).

Au verset sept (7), il est dit: « *Et il lui fut donné de faire la guerre aux saints, et de les vaincre. Et il lui fut donné autorité sur toute tribu, tout peuple, toute langue, et toute nation* ».

Cette puissance décrite avec une autorité supérieure de cette bête, symbole de l'antéchrist, sur les peuples, les langues et les nations nous fait penser à la plus grande organisation internationale au monde, l'ONU.

Le prophète termine par une exhortation à la vigilance, en précisant que « si quelqu'un a des oreilles, qu'il entende » (Apocalypse 13 : 9).

Les Chrétiens doivent donc être prêts pour le retour attendu de Christ.

Des signes du retour imminent du Christ sont également décrits dans le livre de 2 Timothée, le chapitre troisième (3e), les versets 1 à 5.

La bible nous parle d'égoïsme qui est de plus en plus d'actualité au mépris de l'empathie dont faisait montre Jésus pendant son passage sur la terre.

Les enfants sont rebelles au point où ils agissent sans retenue et sans respect pour leurs parents. Sur ce point, je ne peux pas compter combien de fois que j'ai été appelé par des parents qui souffrent de la conduite dévoyée de leurs progénitures.

Je suis souvent témoin d'un ensemble de pratiques adoptées par des jeunes filles, membres d'assemblée chrétienne, qui font fi des valeurs préconisées par la morale chrétienne. Elles sont parfois membres de l'équipe d'adoration, du service d'accueil pour ne citer que cela.

Malgré une présence active dans le ministère, certaines se mettent en concubinage avec des hommes qui pourraient être leur grand-père tandis que d'autres acceptent d'être maîtresse d'homme marié. J'ai eu le privilège, à cause de mes obligations de leader à la *Sal-*

vation Church of God, d'avoir des discussions privées avec des jeunes femmes qui m'ont avoué qu'elles sont effectivement amoureuses des hommes mariés.

Ce témoignage est symptomatique d'une réalité quotidienne : les jeunes femmes, en majeur partie et même à l'église, sont devenues indifférentes à la morale chrétienne.

J'en profite pour préciser que la moralité devrait être utile à bien des égards en ce sens qu'elle nous enseigne à faire preuve de modération en paroles et en actions. Une personne morale sait comment s'habiller décemment. Une femme morale ne portera jamais en public des jupes ou des robes excessivement moulantes, des cuissards laissant apparaitre toute la forme de son corps. Un homme moral ne va jamais porter en public des pantalons trop justes ou/et des chemises cintrées. Quelqu'un de moral ne pratique pas l'adultère, ne bat jamais sa femme ou son mari. Une personne morale ne peut pas choisir un/e mineur/e pour époux ou épouse, fiancé/e, copin/e, ne peut pas être zoophile, homosexuelle sans qu'elle ne soit obligée d'être chrétienne.

Pourtant, ces actes immoraux sont parfois commis par des hommes et des femmes qui ont accepté le Seigneur Jésus comme leur sauveur. Ce sont des gens qui refusent de mener une vie de sainteté.

L'histoire de Joseph chez Potiphar est l'exemple parfait de la moralité. La femme de celui-ci demanda à Joseph de coucher avec elle. Que fit Joseph ? La Bible dit qu' « *il refusa et dit à la femme de son maitre : Voici, mon maitre ne prend avec moi connaissance de rien dans la maison, et il a remis entre mes mains tout ce qui lui appartient » (Genèse 39 : 8).*

La position de Joseph est d'abord simplement morale parce qu'il est conscient et reconnaissant de tout ce que Potiphar a fait pour lui. Donc, il ne peut pas coucher avec sa femme. De ce fait, par simple devoir moral, considérations chrétiennes exclues, n'importe qui pourrait avoir la même réaction que Joseph.

Le verset neuf (9) corrobore ma thèse en ce sens que Joseph a dit à la femme de son maître qu' « il n'est pas plus grand que moi dans cette maison et il ne m'a rien interdit, excepté toi, parce que tu es sa femme. **Comment ferais-je un si grand mal** et pécherais-je contre Dieu ? ». J'écris une partie de la phrase à l'encre forte pour attirer votre attention sur l'aspect moral dont je vous parle. Joseph fit usage du mot « mal » pour montrer d'abord le côté moral.

La deuxième partie fait montre de l'aspect spirituel de la position de Joseph.

Il suffit d'être moral pour être conscient qu'il ne faut pas coucher avec la femme de quelqu'un d'autre.

En ce sens, il existe des païens qui sont beaucoup plus moraux que des personnes qui se disent chrétiennes. Si la morale avait été la seule condition pour recevoir le Salut de Jésus-Christ, ces païens seraient sauvés alors que des gens qui ont accepté Jésus comme leur sauveur pataugent dans l'immoralité. En effet, il existe des sociétés qui ne sont pas des sociétés chrétiennes mais qui sont, dans une certaine mesure, morales. Paradoxalement, la culture de la moralité diminue dans les églises.

De surcroît, nous sommes enclins à une surexposition de l'immoralité. Que ça soit par le biais de la presse traditionnelle ou des nouvelles technologies de l'information et de la communication, il ne se passe pas un jour sans qu'il n'y ait au moins une scène d'immoralité qui tourne en boucle sur ces plateformes. Par conséquent, le chrétien a besoin, plus que jamais, de mener une vie de sainteté tout en se démarquant de ces pratiques mondaines.

À cette crise de moralité, s'ajoute un groupe de personnes qui se disent pasteur, apôtre, prophète, évangéliste, docteur, sans aucun appel de la part de Dieu mais qui éloignent le peuple de Dieu de la foi authentique.

L'émergence de ce nouveau courant d'évangile que j'appelle « Feel good » constitue une avancée considérable de l'œuvre du diable. Ce groupe de prédicateurs se donne pour mission de flatter les âmes les plus faibles dès qu'ils prennent un micro. J'ai été choqué d'entendre un pasteur très populaire aux États-Unis, dans une émission télévisée très prisée, déclarant qu'il n'aborde pas la notion de sainteté dans ses sermons parce qu'il ne veut pas faire du mal au peuple de Dieu. À bien comprendre ses propos, la sanctification fait plus de mal que de bien au peuple de Dieu. Cela nous conduit à nous poser la question suivante : comment un peuple qui se dit être de Dieu refuse de mettre en pratique les principes de Dieu ? Or, le prédicateur n'est pas l'auteur du message, il doit tout simplement faire écho du message comme il l'a été reçu au risque qu'il soit haï. Jésus n'a-t-il pas dit: « si le monde vous hait, sachez qu'il m'a haï avant vous » (Jean 15 : 18).

La bible dit dans le livre de 2 Pierre 1 : 21 : « *car ce n'est pas par une volonté d'homme qu'une prophétie a jamais été apportée, mais c'est poussés, par le Saint Esprit, que les hommes ont parlé de la part de Dieu* ».

D'ailleurs, il est donc clair que de tels prédicateurs ne parlent pas de la part de Dieu. Ce sont des représentants de Satan le diable, dépourvus de toute onction, dont le travail consiste à freiner la propagation de l'évangile du salut, car l'objectif premier de l'ennemi demeure de conduire avec lui en enfer une quantité considérable d'humains. D'où l'importance de la sanctification.

Sanctification : Définition, Type.

Selon le dictionnaire Larousse, sanctifier vient du bas latin *sanctificare,* du latin classique *sanctus* qui signifie rendre quelqu'un saint, le mettre en état de grâce.

Au sens biblique, le verbe « sanctifier » vient du grec *hagiasmos,* signifie rendre saint, consacrer, séparer du monde, être mis à part du péché afin que nous puissions avoir une relation intime avec Dieu et le servir convenablement et surtout avec joie.

1 Thessaloniciens 5 : 23 dit ce qui suit : « que le Dieu de paix vous sanctifie lui-même tout entiers, et que tout votre être, l'esprit, l'âme et le corps, soit conservé irrépréhensible, lors de l'avènement de notre Seigneur Jésus-Christ » (1 Thessaloniciens 5 : 23).

Nonobstant l'emploi du verbe « sanctifier », on trouve des critères relatifs à la sanctification qui sont évoqués dans la bible. Le premier critère est l'amour inconditionnel du Dieu Vivant. Jésus nous a appris à aimer Dieu lorsqu'il a dit : « tu aimeras le Seigneur, ton Dieu, de tout ton cœur, de toute ton âme, et de toute ta pensée » (Matthieu 22 : 37).

Un deuxième critère à retenir est l'effort de vivre sans aucun reproche en menant une vie de sainteté. On retrouve cette condition dans le livre de 1 Thessaloniciens 3 : 13 : « Afin d'affermir vos cœurs pour qu'ils soient irréprochables dans la sainteté devant Dieu notre Père, lors de l'avènement de notre Seigneur Jésus avec tous ses saints ».

Nous devons aussi pratiquer la charité venant d'un cœur où cultive la pureté, faire preuve d'une bonne conscience et d'une foi sincère et inébranlable (1 Timothée 1 : 5). Le chrétien doit prendre ses distances du péché s'il veut demeurer dans la sainteté (Romains 6 : 18). En d'autres termes, aucune vie de sainteté n'est possible sans la Justice (Romains 6 :19). Nous devons garder les commandements de Dieu, car Jésus a dit : « si vous m'aimez, gardez mes commandements » (Jean 14 :15).

Cette liste n'est pas exhaustive. Cependant, elle décrit parfaitement l'œuvre de l'Esprit à travers le salut obtenu de la part de notre Sauveur Jésus-Christ, salut par lequel nous avons été, une fois pour toutes, délivrés de l'esclavage et de la puissance du péché.

La sanctification n'implique pas la perfection absolue, mais une justice morale sans tache démontrée dans la pureté et l'obéissance, et à travers une vie irréprochable.

Il est important de distinguer la sanctification positionnelle de la sanctification pratique. La première fait référence à notre position en Christ. Nous sommes saints de par notre position de sauvé, racheté en Jésus-Christ. En donnant notre vie à Jésus, la Bible dit que nous naissons de nouveau. Nous avons été régénérés en Christ et c'est la raison pour laquelle la Bible parle de « nouvelle créature ». Il est dit en 2 Corinthiens 5 : 17 : « *si quelqu'un est en Christ, il est une nouvelle créature, les choses anciennes sont passées et voici toutes choses sont devenues nouvelles* ». Seul Jésus est capable de nous régénérer.

La seconde forme de sanctification sous-entend que le chrétien est appelé à lutter constamment contre la tentation du péché et le péché.

On est effectivement sauvé par le sang de Jésus mais nous devons mener une vie conforme à notre position en Jésus. La sanctification est dite pratique parce qu'elle concerne la vie de tous les jours, les tentations quotidiennes.

Pourquoi un livre sur la sanctification?

Dieu m'a appelé dans le ministère pour accompagner son peuple sur le chemin menant au ciel. De ce fait, il est de ma responsabilité d'inviter le peuple de Dieu à mener constamment une vie de sainteté.

Ce livre se veut un plaidoyer, une exhortation qui m'a été inspiré par le Seigneur Jésus pour que la sanctification revienne au cœur de la vie des chrétiens.

Je vous en conjure, chers lecteurs, par les compassions de Christ, laissez le Saint-Esprit vous parler alors que vous lisez ce livre et laissez-le vous conduire vers cette vie de sanctification que vous êtes appelés à vivre jusqu'à la fin de votre mission d'ambassadeur sur terre jusqu'au retour de Jésus.

Le livre est réparti en quatre grands chapitres portant sur les thèmes suivants : Pourquoi une vie de sainteté (I) , Le rôle du Saint-Esprit dans la vie de sanctification (II), La Parole de Dieu dans une vie de sainteté (III) , Le Rôle du Berger (IV).

Chapitre 1:
Pourquoi une vie de sainteté ?

Beaucoup de chrétiens réduisent souvent la sanctification aux commandements de faire ou de ne pas faire. La sanctification est ainsi résumée à *une question de vêtement, un langage, un type de fréquentation, une manière de prier* etc...

Il s'agit d'une conception légaliste de la sanctification qui doit être abordée avec prudence. En effet, la sanctification ne se limite pas aux actes mais elle part du cœur.

Mener une vie de sainteté est d'abord et avant tout une question d'amour et d'obéissance envers Dieu. La sanctification ne doit pas être une charge pesante pour le disciple de Jésus, un fardeau qui l'accable. Le disciple doit y trouver la seule manière convenable de vivre une vie heureuse et victorieuse en Jésus et avec Jésus.

La sanctification est trop souvent mal comprise dans l'Église qui ne comprend pas toujours la volonté de Dieu sur ce sujet. Ainsi, la sanctification des uns repose sur la peur d'un Dieu législateur et Juge, qui, au premier écart, est prêt à sévir. Ceci est contraire à ce qu'enseigne la Bible : Dieu est lent à la colère et riche en bonté (Psaumes 103 : 8)

Pour d'autres, la sanctification a pour fondement la peur d'être jugé par les autres ou pire, le désir de paraître meilleur.

Lorsqu'elle repose sur les mauvais fondements, la sanctification oppresse le disciple de Christ et l'éloigne progressivement de Dieu.

Ce n'est pas la volonté de Dieu pour toi et moi! Dieu veut que nous menions une vie de sanctification afin que nous demeurions constamment dans sa présence, dans une parfaite communion.

Il est donc important de construire notre vie de sanctification sur les bonnes bases. Les développements du premier chapitre de cette réflexion sur la sanctification, seront ainsi consacrés aux fondements de la sanctification dans la vie du disciple de Christ, ce sur quoi elle doit être édifiée.

La sainteté de Dieu

Le premier fondement de la sanctification du disciple de Jésus est la sainteté de Dieu.

Il est dit dans Lévitiques 19 : 1-2 : « *L'Éternel parla à Moïse, et dit : Parle à toute l'assemblée des enfants d'Israël, et tu leur diras : Soyez saints, car je suis saint, moi l'Éternel, votre Dieu* ».

En Ésaïe 6, le prophète nous décrit ainsi son expérience de la sainteté de Dieu : « *Des séraphins se tenaient au-dessus de lui; ils avaient chacun six ailes; deux dont ils se couvraient la face, deux dont ils se couvraient les pieds, et deux dont ils se servaient pour voler* (...) *Ils criaient Saint, saint, saint est l'Éternel des armées* ».

La sainteté fait partie des attributs de Dieu. Cependant, comme l'amour, elle fait partie de ce qu'il partage à la nouvelle création afin de démontrer au monde à travers elle qui il est.

L'apôtre Pierre nous exhorte à ce sujet en disant : « *Mais, puisque celui qui vous a appelés est saint, vous aussi soyez saints dans toute votre conduite selon qu'il est écrit : vous serez saints, car je suis saint* » (1 Pierre 1 :15).

Une vie de sainteté est synonyme de la présence de Dieu dans la vie du chrétien authentique. Il ne s'agit pas d'une simple présence due à son omniprésence, mais une présence manifeste, révélée au disciple et à travers le disciple.

La sanctification amène la paix et la joie, car elle fait demeurer le disciple dans la communion avec Dieu. Le vrai disciple ne peut vivre sans cette intimité, c'est la respiration de l'esprit et le repos de l'âme.

À la croix, Jésus a ouvert la voie à la restauration de la relation brisée à Eden entre Dieu et les hommes. Aujourd'hui tous ceux qui croient en Jésus, sont appelés « enfants de Dieu ». Cependant, si la relation est restaurée une fois pour toute, la communion doit néanmoins être maintenue par des efforts quotidiens de séparation d'avec le péché.

Ce principe de la séparation du péché est fondamental à la communion que Dieu entretient avec son peuple.

La séparation comprend deux étapes, l'une négative et l'autre positive. La première est celle de la séparation de l'homme moralement et spirituellement du péché et de tout ce qui va à l'encontre des valeurs du Royaume et de sa justice. La seconde est le rapprochement à Dieu dans une relation intime et personnelle, par la consécration, l'adoration et la louange.

La séparation donne donc lieu à une relation dans laquelle Dieu devient le Père céleste qui vit en nous, et nous devenons ses fils et ses filles.

Chaque disciple de Christ doit connaître dans son histoire ces moments de la séparation. Personne ne peut s'y soustraire et vivre une vie mondaine et chrétienne. Il n'y a aucun rapport entre le Royaume des Cieux et le Royaume des ténèbres, entre Dieu et Satan.

Dans l'Ancien Testament, la séparation est une exigence à laquelle le peuple de Dieu ne pouvait échapper sous aucun prétexte. Celui-ci doit se « mettre à part » pour Dieu sous peine de provoquer sa colère. L'histoire du peuple Israël sous la domination d'Assyrie en est l'exemple parfait (2 Rois 17 : 6-7).

De même, le Nouveau Testament exige la séparation des croyants des pratiques malsaines de ce monde impie en ayant comme attitude la haine du péché et de tout ce qui ne fait pas honneur à notre Seigneur (Jean 17 : 15-16).

La vie de sainteté doit être une marque propre au chrétien parce que le Dieu que nous servons est Saint.

La sanctification comme condition de notre salut

« *Recherchez la paix et la sanctification, sans laquelle personne ne verra le Seigneur* » , nous dit l'auteur de l'épître aux Hébreux, (chapitre 12, verset 14) en présentant la sanctification comme une condition sine qua non au salut.

En effet, la sanctification relève non seulement de la volonté de Dieu (1 Thessaloniciens 4 :3) mais elle participe également à la nouvelle naissance de l'homme qui elle-même est aussi essentielle au salut.

Jésus dit en Jean 3 : 3-5 que si nous ne sommes nés de nouveau, nous ne pouvons voir le royaume de Dieu.

Cependant, après la nouvelle naissance, un conflit surgit en nous entre la chair et l'esprit né de nouveau. L'esprit veut faire la volonté de Dieu tandis que la chair veut constamment nous ramener aux instincts de l'homme naturel. C'est une bataille pour la sainteté qui doit être gagnée par le chrétien afin d'être sauvé.

L'efficacité des prières du Chrétien

La prière est le moyen par excellence pour parler à Dieu. La Bible nous exhorte à prier sans cesse, et à faire connaître ainsi à Dieu tous nos besoins.

Tous les endroits sont propices à la prière moyennant une disposition de l'esprit. La prière doit être un élément clé de la vie chrétienne. En d'autres termes, il n'existe pas de chrétien sans vie de prière. Jésus a donné l'exemple en apprenant à ces disciples à s'adresser à Dieu par des paroles.

La prière n'est pas une recette ou une formule magique. La bible dit que nous pouvons faire « toute sorte de prière par l'esprit (Éphésiens 6 : 18) ». En revanche, la prière n'est pas une multiplication de vaines paroles. En effet, ne faisons pas comme des païens, qui pensent qu'ils seront exaucés à force de paroles (Matthieu 6 : 7).

Les humains ressentent toujours le besoin d'être en communication avec les personnes qu'ils aiment. Il est donc important pour deux amis de dialoguer régulièrement. Ils apprennent ainsi à se connaître, partagent de bons souvenirs, se soutiennent, et se font un peu plus confiance de jour en jour. De la même façon qu'une amitié entre deux personnes grandit par le dialogue, notre relation avec Dieu devient de plus en plus intime et profonde par le biais de la prière.

La vie de prière est cependant peu efficace en l'absence d'une vie de sainteté.

La sanctification pour combattre « l'esprit de Jézabel » dans les assemblées chrétiennes

Dans la Bible, « l'esprit de Jézabel » (Apocalypse 2 : 20) fait référence à un esprit d'apostasie, de mensonge, de religiosité, de manipulation, de division, de domination, et de divorce.

L'histoire de Jézabel est rapportée dans 1 Rois, le 21e chapitre. Elle était la femme d'Achab, roi de Samarie. Il y avait un homme appelé Naboth qui possédait une vigne à côté du palais royal. Achab parla à Naboth pour lui demander la vigne contre le paiement de sa valeur en argent. Ce dernier avait refusé arguant qu'il s'agit d'un héritage. Ayant connaissance de la situation, Jézabel dit à son mari qu'il lui donnera la vigne de Naboth de Jizreel. Puis, animée par l'esprit de mensonge, Jézabel a forgé une histoire pour conduire à la lapidation de Naboth et s'emparer ainsi du terrain.

A) Lutter contre l'esprit de mensonge.

L'esprit de mensonge agit encore aujourd'hui et son empreinte est telle que le mensonge est banalisé, voire, certaines fois applaudi. Il arrive que la société qualifie les menteurs de « personnes intelligentes ».

Le mensonge est le fait de prononcer des paroles, faire des déclarations alors qu'on sait pertinemment qu'elles sont fausses, dans le but de détruire ou de tromper. Autrement dit, c'est une manière d'échapper à la vérité en jetant la confusion sur une réalité ou en donnant, de manière volontaire, une fausse impression.

Le mensonge fait partie des choses que Dieu a en horreur. « Il y a six choses que hait l'Éternel, et même sept qu'il a en horreur; les yeux hautains, **la langue menteuse,** les mains qui répandent le sang innocent, le cœur qui médite des projets iniques, les pieds qui se hâtent de courir au mal, **le faux témoin qui dit des mensonges**, et celui qui excite des querelles entre frères » (Proverbes 6 : 16-19). L'esprit de mensonge ne doit donc pas trouver de place dans le cœur du chrétien.

Cet « esprit de mensonge » continue de faire des victimes dans nos assemblées. Certaines personnes qui se disent chrétiennes ont, désormais, le réflexe de mentir au point de perdre leur repère en ce qui concerne la vérité. Le mensonge devient partie intégrante de leur vie.

L'esprit de mensonge amène même des chrétiens à inventer des histoires dans le but de détruire une sœur ou un frère.

Un parent qui prend par exemple, le malin plaisir de mentir à son enfant est un menteur au même titre qu'un menteur « professionnel » au sens haïtien du terme.

Certains mentent à leur femme ou à leur mari, à leur employeur ou employé, à l'immigration d'un pays étranger, sur leurs finances, sur leur vie sociale pour ne citer que cela.

D'autres poussent le bouchon beaucoup plus loin dans leur imagination en faisant preuve d'un esprit inventif pour embellir leur témoignage. Dieu n'a pas besoin d'une équipe de « marketing » pour « vendre une histoire ». Le croyant qui témoigne de la fidélité de Dieu n'a pas besoin de majorer ou de dramatiser les faits.

Au sujet de ceux et de celles qui mentent, la Bible précise en Jean 8 : 44 ce qui suit : « *Vous avez pour père le diable, et vous voulez accomplir les désirs de votre père. Il a été meurtrier dès le commencement, et il ne se tient pas dans la vérité, parce qu'il n'y a pas de vérité en lui. Lorsqu'il profère le mensonge, il parle de son propre fonds; car il est menteur et le père du mensonge* ».

Lorsqu'il s'agit de mensonges, la fin ne justifie pas les moyens parce qu'un mensonge reste et demeure ce qu'il est, peu importe la raison pour laquelle il a été dit.

L'Ancien Testament regorge d'exemples de mensonges de quelques dignes serviteurs de Dieu, non pas comme pour nous inciter à les suivre mais pour nous mettre en garde.

Abraham qui avait menti en disant que Sarah était sa sœur dans le but de se protéger contre les velléités que des rois étrangers pouvaient choisir sa femme pour épouse. Son mensonge ne l'avait pas épargné. Dieu a révélé la vérité au Roi.

L'histoire d'Abraham nous enseigne à dire la vérité quelles que soient les conséquences.

Le verset biblique cité ci-dessus souligne que toute personne qui demeure dans le mensonge est sous l'effet du diable. Il ne s'agit pas d'un jugement mais plutôt d'une conclusion logique basée sur la parole de Dieu. De plus, les menteurs ont une place que Dieu leur a réservée en enfer selon le verset 8 du 21e chapitre du dernier livre de la Bible.

B) La rancune

La rancune est une colère contenue ayant des ressentiments tenaces envers quelqu'un à la suite d'un mal ou des offenses subies.

Il faut dire aussi que la rancune est souvent à l'origine des médisances et des mensonges. Des vies sont parfois détruites avec la langue par esprit de vengeance. Ceci arrive même dans l'église.

La rancune est l'œuvre du diable. Si nous pensons tout le temps à un mal subi, ça peut traduire une absence de pardon et peut également déboucher sur une velléité de vengeance au moment opportun. La rancune nous éloigne davantage du royaume de Dieu.

Les relations humaines sont sujettes aux incompréhensions et aux malentendus. De ce fait, il est important pour l'homme, particulièrement le chrétien de cultiver le pardon. Si on n'oublie pas le fait, cela prouve tout simplement qu'on n'a pas pardonné parce que le pardon implique l'oubli définitif du mal. De plus, Dieu ne nous a jamais rappelé nos bêtises.

L'amour joue un rôle prépondérant dans le pardon. Il est dit au Psaumes 130 : 3 que personne ne pourrait subsister s'il gardait le souvenir des iniquités. Jésus a enseigné à prier pour demander pardon à Dieu tout en pardonnant nous aussi nos semblables (Matthieu 6 : 12).

Dans certaines situations, il faut abandonner ses droits et se passer de certaines choses. Jésus nous a exhorté de ne pas résister au méchant et à aimer nos ennemis, à bénir ceux qui nous maudissent, à faire du bien à ceux qui nous haïssent, à prier pour ceux qui nous maltraitent et qui nous persécutent (Matthieu : 5 : 39, 44).

En outre, la langue peut construire ou détruire, faire du mal aux autres ou faire du bien, encourager ou décourager. Il est dit en Jacques 3 : 10 que « de la même bouche sortent la bénédiction et la malédiction. Il ne faut pas, mes frères, qu'il en soit ainsi ». En d'autres termes, le chrétien doit veiller à ce que sa langue soit source d'encouragement par des paroles bienfaisantes provenant de la Bible, car la mort et la vie sont au pouvoir de la langue (Proverbes 18 :21).

De plus, la langue est révélatrice de la relation du croyant avec Dieu en ce sens qu'un chrétien, digne de ce nom, doit savoir que sa langue peut corrompre tout son corps si elle n'est pas domptée par la puissance de Dieu (Jacques 3 : 1-13). Une personne sauvée ne peut, sous aucun prétexte prendre son temps à dire du mal des autres.

Nous devons prier pour demander à Dieu de prendre le contrôle de notre langue afin de combattre tout esprit de mensonge ou de médisance (Tite 2 : 8).

C) La médisance

La médisance représente une arme redoutable de Satan le diable pour anéantir nos églises dans ce 21e siècle.

Une parole peut être vraie mais médisante si elle est dite dans l'intention de faire du mal à autrui. A l'heure des réseaux sociaux, les rumeurs se propagent à un rythme fou. Personne ne vérifie, tout le monde partage.

Si vous faites partie des personnes qui contribuent, de près ou de loin à la propagation de rumeurs sur les réseaux sociaux, sachez que vous êtes médisants! Il faut vous repentir car la BIBLE nous recommande de ne parler en mal de personne (Tite 3 :2).

La médisance cache, la plupart du temps, beaucoup d'autres sentiments pervers tels que la jalousie, la haine et l'aigreur. Le chrétien doit être rempli d'amour et s'abstenir de dire du mal des autres ou de propager des rumeurs pouvant nuire à leur réputation.

Jadis, un serviteur de Dieu ou une servante de Dieu rendait visite à un frère ou une sœur dans le seul but de prier, de louer ou d'apporter son aide. Aujourd'hui, les choses ont changé dans la mesure où les chrétiens et chrétiennes sont réunis le plus souvent pour dire du mal d'un frère ou d'une sœur.

Ces pratiques sont de plus en plus présentes dans le cœur des chrétiens et sont à l'antipode de la volonté de Dieu qu'est notre sanctification. En outre, elles peuvent avoir de lourdes conséquences. Dans le Psaumes 101 :5, Dieu dit: « celui qui calomnie en secret son prochain, je l'anéantirai... ». Sachez que nous servons le Dieu qui sonde les cœurs et les reins dès que nous sommes tentés par la médisance.

D) Esprit de religiosité

Trop souvent, on voit des païens qui viennent régulièrement aux activités ecclésiastiques (culte du dimanche, études bibliques, journées de jeûne et autres) alors qu'ils pratiquent une vie diamétralement opposée aux principes et règles de Dieu. C'est l'« esprit religieux » qui agit à l'intérieur des églises, des ministères ou même sur des personnes en particulier.

L'histoire de Jézabel est la preuve des différentes formes de manifestation de cet esprit. Chevauchée par ce démon, elle a conçu un plan pour faire disparaître Naboth. Elle écrit au nom d'Achab, aux habitants de la ville de Naboth, aux anciens et aux magistrats en leur demandant de publier un jeûne et de placer celui-ci à la tête du peuple afin de mettre en face de lui deux sanguinaires dont le rôle est d'accuser Naboth d'avoir maudit Dieu et le roi en vue de parvenir à sa lapidation (1 Rois 21 :9-12).

A cela s'ajoute le récit du prophète Daniel qui est semblable à l'histoire de Naboth. Des chefs et des satrapes étaient jaloux de Daniel, serviteur de Dieu doté d'un esprit supérieur parce que le roi Darius pensait l'établir sur tout le royaume (Daniel 6 :1-3). Mécontents de cette situation, la moindre occasion qu'ils trouvaient pour accuser Daniel était la bienvenue.

Pour ce faire, ils ont manipulé le roi en lui faisant prendre un décret irrévocable avec une défense sévère précisant que quiconque, pendant une période de trente jours, adressera des prières à quelque dieu ou à quelque homme, excepté à toi, sera jeté dans la fosse aux lions (Daniel 6 : 7-8).

Ce faisant, le résultat, à leur avis, était connu d'avance. Ils savaient que Daniel, en aucune manière, ne se prosternerait pour prier un autre dieu que le Seigneur. Il serait ainsi jeté dans la fosse aux lions.

Ces deux récits bibliques nous montrent que l'« esprit religieux » persécute les serviteurs et les servantes de Dieu en raison de leur attachement au créateur. De plus, les personnes dominées par cet esprit ont en horreur les vrais disciples de Jésus.

L'« esprit religieux » est fasciné par les chants évangéliques, par le paraître au lieu de se concentrer sur l'être. Ces gens, qui se mettent très souvent au rang des chrétiens, ont un amour démesuré pour les cultes mais leurs cœurs demeurent indifférents aux principes de Dieu.

Le religieux est croyant. Il n'a cependant aucun attachement à Jésus, seulement à ce qui se fait dans le ministère. Le religieux est continuellement dans le « m'as-tu vu » parce qu'il n'est pas motivé par les choses divines mais au contraire par des futilités.

On entend souvent des chrétien/es qui complimentent un adorateur ou une adoratrice non pas parce qu'ils sont bénis dans cette adoration mais parce qu'ils apprécient uniquement sa voix, sa technique, sa présence sur scène, sa tenue etc.

Pourtant, l'adoration ne se résume pas à ce qui se voit. Son efficacité ne dépend pas uniquement du talent de l'adorateur et encore moins d'une méthode quelconque, car les vrais adorateurs adorent en esprit et en vérité.

Cela signifie que la qualité de la voix n'a aucune importance si la personne de qui provient l'adoration n'est pas dépouillée, régénérée, consacrée.

La Bible nous dit que Caïn et Abel avaient décidé, chacun en ce qui le concerne, de faire une offrande à Dieu. Celle d'Abel a été acceptée par Dieu tandis que celle de Caïn a été rejetée parce que l'un venait du cœur et l'autre n'était qu'apparence.

Si Dieu n'agrée pas l'adorateur/l'adoratrice, il n'agrée pas l'offrande.

E) Esprit de manipulation

L'« esprit de manipulation » marche très souvent de pair avec l'esprit de mensonge et est aussi source de toute sorte de fraude et de cupidité.

Au sujet de cet esprit, la Bible dit : « c'est que personne n'use envers son frère de fraude et de cupidité dans les affaires, parce que le Seigneur tire vengeance de toutes ces choses comme nous l'avons dit et attesté » (1 Thessaloniciens 4 :6).

La personne possédée par cet esprit peut amener une autre personne à s'engager dans une bataille sans être au courant des tenants et aboutissants de celle-ci. Face à un manipulateur, on agit parfois sans raison. Jézabel a manipulé les dirigeants de la ville de Naboth en leur faisant faire ce qu'elle voulait.

Aujourd'hui, les manipulateurs se comptent par milliers dans les églises au point où des dirigeants s'en mêlent de la partie. Ils manipulent le peuple Dieu en vue de s'enrichir par des levées de fonds baptisées de tous les noms (ce ne sont pas des offrandes parce que la Bible est claire sur celles-ci). Ils optent pour des sujets sensationnels en vue d'attirer les âmes les plus faibles.

Voilà pourquoi nous tenons à rappeler que sans une vie basée sur la sanctification, les efforts du chrétien sont voués à l'échec.

F) Esprit de division

L'esprit de Jézabel renvoie aussi à un esprit de division.

J'entends par « esprit de division » un démon qui force une personne à semer la discorde. Semer la discorde est quelque chose que Dieu a en horreur selon Proverbes 6 :19. Les gens qui sont sous la domination de cet esprit malin peuvent au milieu d'un groupe provoquer de l'aversion, de la méfiance et de la division.

Il s'agit d'une personne qui n'a aucune retenue. Elle ne respecte pas la confidentialité des échanges et répète, sans gêne, à d'autres gens une parole qui lui a été confiée en secret.

Dès que l'esprit de division s'assoit avec une autre personne, sa première réaction est de critiquer un ami commun afin de les diviser. Autrement dit, elle s'inscrit confortablement dans cette maxime païenne qui veut qu'on *divise en vue de régner*.

La personne qui est possédée par ce démon devient automatiquement médisante, car il s'agit d'un moyen efficace de diviser les frères. Cependant, la parole de Dieu nous exhorte de nous éloigner et à prendre garde à ceux qui causent des divisions et des scandales, au préjudice de l'enseignement qu'on a reçu (Romains 16 : 17).

G) Esprit de domination

L'« esprit de domination » est un démon qui pousse certaines femmes à inverser les rôles au niveau des foyers au détriment de ce que dit la parole de Dieu. En effet, la Bible précise ce qui suit : « Je veux cependant que vous sachiez que Christ est le chef de tout homme, que l'homme est le chef de la femme et que Dieu est le chef de Christ » (1 Corinthiens 11 : 3). Dans cette logique, il revient à l'homme de prendre la direction de la famille.

Cependant, l'on assiste à l'émergence d'un mouvement mondain, adopté par certains dirigeants d'églises, visant à promouvoir la femme comme cheffe de la famille en vue de dominer le mari. Ce mouvement qu'on appelle « féminisme » est l'œuvre du diable parce qu'il vise la destruction de la famille. En inversant les fonctions, la femme ne doit plus être soumise à son mari. Or, la femme n'a pas été créée pour dominer mais pour être dominée dans un environnement imprégné d'amour, de respect de son mari envers elle. De ce fait, la femme doit être effectivement soumise mais elle doit être aimée par son mari également. Si Adam a été créé avant Eve, c'est parce que Dieu voulait que l'homme soit le chef de la famille.

Aujourd'hui, on a tendance à mettre l'homme et la femme en compétition alors qu'ils devaient, chacun en ce qui le concerne, remplir leurs fonctions telles que décrites par la parole de Dieu. Le mari et la femme ne sont pas égaux parce qu'ils ne remplissent pas les mêmes fonctions.

Peu importe la différence sur le plan social et même économique existant entre l'homme et la femme, l'homme demeure le chef de la famille et ça n'a aucun rapport avec le machisme dont parlent certains féministes. Que vous soyez infirmière ou médecin, votre mari est votre chef lors même qu'il est un cireur de bottes. Dans le cas contraire, il s'agit d'une abomination.

Jézabel était chevauchée par cet « esprit de domination » qui pousse les femmes à remettre en question la hiérarchie familiale établie par Dieu.

En retour, l'esprit de domination peut être manifesté par un contrôle excessif des revenus du mari dans le but de l'empêcher d'aider personne d'autre. Cette velléité de tout contrôler s'inscrit parfaitement dans la logique de l'esprit de Jézabel au regard de l'influence qu'elle exerce sur Achab.

Il faut néanmoins préciser que le mari comme chef de la famille a des obligations. Il doit travailler pour prendre soin de sa famille. De nos jours, Certains maris passent la majorité de leur temps à s'occuper des choses futiles au lieu de s'intéresser à leur famille sous prétexte que la femme a suffisamment de moyens pour répondre aux besoins de la famille.

Si vous n'êtes pas malade, vous remplissez toutes les conditions pour trouver un emploi mais vous préférez laisser la fonction de prendre soin de la famille uniquement à votre femme, sachez que vous n'êtes pas un bon mari aux yeux de Dieu, car « si quelqu'un n'a pas soin des siens, et principalement de ceux de sa famille, il a renié la foi, et il est pire qu'un infidèle » (1Timothée 5 :8).

H) La lutte contre les démons s'opposant au mariage

Le mariage est la première institution créée par Dieu quand il a uni Adam et Ève. Satan n'a jamais aimé le mariage. Il le combat depuis à Eden.

Aujourd'hui, l'institution est fragilisée. Beaucoup de personnes refusent de se marier, d'autres se marient pour les mauvaises raisons et enfin, beaucoup de mariages s'éteignent par des divorces.

Cela prouve que le diable n'a pas abandonné. Les jeunes couples ont tendance à crier victoire après le mariage alors que la survie du mariage dans le temps, exige beaucoup plus de prière et de persévérance que le mariage lui-même.

Il arrive qu'un homme et une femme qui vivaient en parfaite harmonie en concubinage décide de se marier. Au lendemain du mariage, tous les problèmes surgissent et ils divorcent.

Il faut savoir qu'un mauvais mariage peut empêcher le salut d'un chrétien si la vie qui existe à l'intérieur de ce mariage n'est pas conforme à la volonté de Dieu. Toutefois, Dieu hait la répudiation (divorce) (Malachie 2 : 16). Les divorces sont parfois source de haine, de vengeance et autres pratiques qui sont considérées comme abomination aux yeux de Dieu.

En revanche, certaines séparations sont nécessaires moyennant le respect des règles. Un mari qui violente sa femme verbalement, psychologiquement ou physiquement ne remplit pas son rôle, car la Bible dit qu'il doit aimer son épouse. La Bible dit : « à ceux qui sont mariés, j'ordonne, non pas moi, mais le Seigneur, que la femme ne se sépare point de son mari » (1 Corinthiens 7 :10).

Cependant, une exception à ce principe est prévue au verset 11 du même livre mais à la condition que la femme demeure sans se marier ou qu'elle réconcilie avec son mari. Dans le cas contraire, il s'agit d'un cas flagrant d'adultère (nous traiterons la question dans le deuxième chapitre dans la section sur la sanctification du corps) selon la parole de Dieu.

Les chrétiens doivent comprendre que des démons rôdent autour du mariage. La prière doit donc être au cœur du mariage, tant pour ceux qui l'envisagent que pour ceux qui y sont déjà entrés.

La repentance

L'un des objectifs de la prédication de l'évangile est de ramener le pécheur à prendre conscience de son état afin de se tourner vers Dieu.

Dans sa miséricorde, Dieu accorde toujours du temps à la personne qui mène une vie contraire à ses principes pour changer et revenir sur la voie de la sainteté.

Voilà pourquoi, 2 Pierre 3,9 nous enseigne que *le Seigneur ne tarde pas dans l'accomplissement de la promesse, comme quelques-uns le croient; mais il use de patience envers vous, ne voulant pas qu'aucun périsse, mais voulant que tous arrivent à la repentance.*

La Bible affirme qu'« au sein de ta détresse, toutes ces choses t'arriveront. Alors, dans la suite des temps, **tu retourneras à l'Éternel, ton Dieu, et tu écouteras sa voix** » (Deutéronome 4 : 30). Dieu s'attend donc toujours à notre conversion à un moment donné. Ce processus de conversion est connu sous le terme « repentance ».

La repentance est le fait d'éprouver des regrets de ses péchés. Elle est une étape pour arriver à la conversion. La repentance succède toujours ce sentiment de regret, (de tristesse) qui est à l'origine de la conversion. L'apôtre Paul nous dit en 2 Corinthiens 7 : 10 que la tristesse selon Dieu produit nécessairement une repentance à salut dont on ne se repent jamais, tandis que la tristesse du monde produit la mort.

Cette prise de conscience du pécheur vis-à-vis de sa situation est l'œuvre de la puissance du Dieu vivant, lui qui sonde les cœurs et les reins. A ce titre, Dieu accorde la repentance aux païens afin qu'ils puissent avoir la vie (Actes 11 : 18).

A l'inverse, les fruits de la repentance sont manifestes en ce sens qu'il ne suffit pas de prononcer le mot mais il existe une conduite y relative. C'est la raison pour laquelle la parole de Dieu nous commande de produire des fruits dignes de la repentance (Matthieu 3 : 8). Autrement dit, un chrétien n'est pas obligé de se présenter pour le reconnaître en tant que tel. Il doit le vivre tout simplement.

De plus, la repentance est obligatoire à ceux qui veulent entrer dans le royaume de Dieu, car Jésus eut à dire : « repentez-vous, car le royaume des cieux est proche » (Matthieu 4 : 17). C'est aussi un miracle de Dieu quand nous nous sentons inconfortable dans la présence du péché et nous nous en abstenons en conséquence.

En se basant sur la Bible, on peut affirmer que la repentance est l'un des premiers impacts de la parole de Dieu.

On se rappelle du jour de la Pentecôte quand les disciples de Jésus furent tous remplis du Saint-Esprit (Actes 2 : 4). L'une des paroles prononcées par Pierre qui prenaient la parole au nom des disciples est la suivante : « Repentez-vous, et que chacun de vous soit baptisé au nom de Jésus-Christ, pour le pardon de vos péchés; et vous recevrez le don du Saint-Esprit » (Actes 2 : 38). Le verset 40 du même livre et du même chapitre précise qu'environ trois mille personnes acceptèrent Jésus comme Sauveur et Seigneur. Cela suppose que la repentance est synonyme de la conversion et elle doit nécessairement aboutir à une vie de sainteté.

Cependant, le remords ne suffit pas pour parler de la repentance. Juda a eu des remords et c'est sans doute la cause de son suicide mais il ne s'était pas repenti. Cependant, son sort aurait été complètement différent s'il avait demandé pardon à Dieu. Cette absence de repentance l'a définitivement condamné en enfer.

Dieu utilise ses enfants pour faire passer les messages de repentance. Il attend que nous nous conformions à ses règles. Si nous persistons dans les mauvaises pratiques, nous serons frappés par sa colère.

L'église de Thyatire avait été avertie à cause de sa clémence devant le péché. La Bible affirme que Dieu a menacé d'envoyer une grande tribulation à ce groupe de pécheurs de Thyatire s'ils ne se repentent pas de leurs œuvres (Apocalypse 2 : 22). Dieu a encore fait parler sa miséricorde en donnant du temps à ces pécheurs de repentir.

Chapitre 2:
Le rôle du Saint-Esprit dans la vie de sanctification

Maintenant que nous avons posé les fondements de la sanctification, nous pouvons commencer à réfléchir au « comment ». Je sais que je dois vivre dans la sanctification mais concrètement, comment m'y prendre?

Je l'ai dit au début du premier chapitre. La sanctification n'est pas simplement une question de pratiques, d'observance de préceptes. Elle procède de notre relation avec Dieu. Aussi, avant de vous donner quelques clés importantes pour vivre de manière pratique dans la sainteté, je dois vous parler de la personne qui nous rend capable de vivre cette vie de sanctification, le Saint-Esprit.

Qui est le Saint-Esprit?

De prime abord, il faut reconnaître l'implication du Saint-Esprit dans la création. La Bible dit que l'**Esprit de Dieu** se mouvait au-dessus des eaux pour faire référence à la présence du Saint-Esprit (Genèse 1 : 2). Dans l'Ancien Testament, le Saint-Esprit était principalement le canal de communication par lequel les prophètes reçoivent les messages et parlent pour Dieu (2 Samuel 23 : 2).

De son côté, le Nouveau Testament nous fait savoir que le Saint-Esprit est « en vous » et « avec vous » (Jean 14 : 17). Il précise aussi que le Saint-Esprit nous est habité de manière permanente (1 Corinthiens 6 : 19) en ce sens qu'il est une puissance que nous avons reçue (Actes 1 : 8) et qui nous permet de marcher par l'Esprit (Romains 8 :4-6).

Le Saint-Esprit est Dieu. Il est la troisième personne de la trinité, le bras par lequel Dieu se meut et agit dans nos vies.

La bible enseigne qu'il a un esprit (Romains 8 : 27), une volonté (1 Corinthiens 12 : 11), et des émotions (Éphésiens 4 : 30). I

Le Saint-Esprit est aussi Dieu que le Père et le Fils. Ils sont sur un pied d'égalité parce qu'ils entretiennent une relation de personne à personne entre eux. « Allez, faites de toutes les nations des disciples, les baptisant au nom du **Père**, du **Fils** et du **Saint-Esprit** » (Matthieu 28 : 19). Ce verset biblique prouve que le Saint-Esprit est au même niveau que le Père et le Fils.

De plus, la Bible dit que le Saint-Esprit est aussi consolateur au même titre que Jésus (Jean 14 : 16-17), et la grâce du Fils, l'amour du Père et la communion du Saint-Esprit sont élevés au même rang (2 Corinthiens 13 : 14).

La sainteté est un caractère unique à Dieu. Or, l'Esprit est qualifié de « Saint ». Donc, il ne fait aucun doute qu'il s'agit de l'Esprit de Dieu car seul Dieu est Saint (Actes 5 : 3-4) et quand le Saint-Esprit parle, c'est Dieu qui parle (Hébreux 10 : 15-17).

A cela s'ajoutent les titres donnés au Saint-Esprit qui, une fois de plus, ne laissent planer aucun doute qu'il est Dieu. On retrouve les appellation suivantes :

- Esprit du Dieu Vivant (2 Corinthiens 3 : 3);
- Esprit de Christ (Romains 8 : 9);
- Esprit du Seigneur (Luc 4 : 18);
- Esprit de votre Père (Matthieu 10 : 20);
- Esprit de sainteté (Romain 1 : 4);
- Esprit de Jésus (Actes 16 : 7).

Aussi, retrouve-t-on, dans les saintes écritures, d'autres caractéristiques appartenues exclusivement à Dieu, mais qui sont aussi attribuées au Saint-Esprit telles que la vérité (Jean 14 : 16-17), l'omniscience (1 Corinthiens 2 : 10-11), la vie (Jean 6 : 63), l'omniprésence (Psaumes 139 : 7), l'éternité (Hébreux 9 : 14), l'omnipotence (Romains 8 :11), l'amour (Romains 5 : 5).

Le Saint-Esprit est le consolateur (paraclet dans le Nouveau Testament) en ce sens que Jésus a lui-même dit que le père enverra en son nom l'Esprit Saint afin de nous enseigner d'une manière exhaustive et de nous rappeler tout ce qu'il nous a dit (Jean 14 : 26). Autrement dit, il est là pour aider les chrétiens et pour les assister.

De manière très spéciale, le Saint-Esprit a été envoyé par le Père et le Fils dans le monde le jour de la Pentecôte en vue de : (1) rendre le travail de l'église beaucoup plus efficace; (2) baptiser les croyants pour qu'ils puissent témoigner et produire des fruits de l'esprit; (3) convaincre définitivement les pécheurs. En d'autres termes, le ministère du Saint-Esprit est de continuer le travail que Jésus-Christ a commencé lors de son passage sur la terre, lequel consiste à convaincre ceux et celles qui ne croient pas en Dieu, qui risquent de perdre leur âme et de leur besoin de salut.

Le Saint-Esprit est nécessaire pour l'église en général et les chrétiens en particulier. En ce qui concerne les croyants, le Saint-Esprit donne un esprit de discernement en vue de reconnaître les faux esprits et les fausses doctrines et du même coup facilite la différenciation de la vérité du mensonge (1 Jean 4 : 1-4). Il est capable de diriger, de contrôler, d'influencer et de conduire les croyants qui lui sont soumis (Éphésiens 5 : 18, Romains 8 : 14). Le Saint-Esprit facilite la compréhension et l'acceptation des choses de Dieu (1 Corinthiens 2 : 10-15, 1 Jean 2 : 20-27). Il aide les croyants dans leurs moments de faiblesse (Romains 8 : 26-27, Éphésiens 6 : 18) et favorise la production de fruits de l'esprit dans la vie du chrétien dans le but de ressembler à Christ (Galates 5 : 16, 22-25).

En outre, le Saint-Esprit participe activement au processus de purification du péché du chrétien (Romains 2 : 29). Sa présence force le chrétien à se sanctifier (Romains 15 : 16). L'Esprit Saint régénère (Tite 3 : 5) et assure le Salut du croyant (Romains 8 : 16).

Aucun chrétien ne peut être agréable à Dieu sans le Saint-Esprit.

La présence du Saint-Esprit fait du chrétien une personne spéciale dotée d'une puissance et qui le différencie du païen. On est des créatures de Dieu, mais on est différents. On ne saurait imaginer un chrétien sans la puissance de Dieu qui est le fruit du Saint-Esprit.

La puissance distingue le peuple de Dieu. On n'a pas à avoir peur de quiconque parce que nous sommes couverts par cette puissance qui nous rend braves. Cette puissance issue de l'Esprit de sainteté n'a pas de rival. Lorsque Moïse et Aaron donnèrent le message que Dieu avait envoyé à Pharaon, il leur avait fait faire un miracle en transformant la verge en serpent. Pharaon appela ses magiciens qui en faisaient autant. La Bible dit que la verge d'Aaron engloutit celles des magiciens de Pharaon (Exode 7 : 10-12). C'est cette même puissance que procure le Saint-Esprit, car Dieu ne change pas et il est le même hier, aujourd'hui et éternellement nous dit la parole de Dieu.

J'avais un ami médecin qui était dans le viseur de quelques malfaiteurs de la zone où il évoluait à la campagne. Il décida un jour de remettre sa vie à Jésus pour se protéger. Les malfaiteurs qui formaient une bande (qu'on appelle en Haïti « *bann chanpr*èl ») , lui faisaient savoir qu'il ne pouvait pas s'échapper. Tandis que mon ami participait à un jeûne de nuit, le Saint-Esprit intervenait par l'intermédiaire d'une servante de Dieu pour lui dire qu'il est protégé par la puissance de l'Esprit-Saint nonobstant la cérémonie diabolique qui s'organise actuellement dans le but de le détruire. Nous sommes protégés de manière permanente si nous menons une vie de Sainteté.

Il n'existe pas de prédicateur, de pasteur, d'évêque, d'évangéliste sans la puissance du Saint-Esprit. L'apôtre Paul s'adressait aux chrétiens de Corinthe en faisant mention de son état de faiblesse et de crainte (1 Corinthiens 2: 3). Toutefois, il a précisé que sa parole et sa prédication ne reposent pas sur des discours convaincants de la simple sagesse, mais sur une preuve d'Esprit et de puissance comme fondement de la foi (1 Corinthiens 2 : 4-5). C'est pourquoi Jésus avait exhorté les disciples de rester à Jérusalem jusqu' à ce qu'ils soient revêtus de la puissance d'en haut avant de prêcher la repentance et le pardon (Luc 24 : 49).

Aux yeux du païen, on n'est pas simple grâce à cette puissance générée par le Saint-Esprit. Et Jésus a fait montre de cette puissance, de manière constante, pendant les trente-trois (33) années qu'il a vécues sur la terre. Il a défié les lois de la physique en marchant sur l'eau, il a ressuscité Lazare qui était mort depuis quatre (4) jours. Nous devons imiter Jésus qui n'était pas ordinaire.

Quand Dieu avait demandé à Moïse de retourner en Égypte pour dire à Pharaon de libérer son peuple, la Bible précise que l'Éternel a dit qu'il fait de Moïse un Dieu pour Pharaon (Exode 7 : 1). Ce passage tiré de la Bible est la preuve que Dieu nous utilise pour faire connaître sa puissance aux inconvertis. Cependant, nous devons cultiver une vie propice aux exigences du Saint-Esprit.

Je me rappelle encore de ce jour où je prenais l'ascenseur dans un endroit dans lequel je devais participer à une activité. A ma sortie, l'autre personne qui y était m'a posé la question suivante : « *who are you ?* » (qui es-tu ?). Je lui ai demandé de m'expliquer son problème sans pour autant répondre à la question parce qu'il me dévisageait pendant la montée de l'ascenseur. Il a rétorqué pour me dire qu'il voit une lumière qui rayonne sur mon front. Je lui ai dit que je suis un homme de Dieu. Il est parti dans tous les coins de cet hôtel pour dire aux gens qu'il vient de rencontrer un homme de Dieu. Ce témoignage prouve que même les païens peuvent reconnaître cette puissance qui est en nous.

De nos jours, bon nombre d'assemblées chrétiennes ne vivent pas la puissance et l'onction du Saint-Esprit.

Il ne demeure pas en effet là où on refuse de faire la volonté de Dieu. Cette carence en puissance fait de nous en apparence des êtres ordinaires alors que nous ne le sommes pas grâce à notre position en Christ. Le *coronavirus* qui a provoqué la fermeture des portes des sanctuaires en est la preuve. Nous souffrons de la même manière que les païens alors que ces derniers devaient trouver refuge à l'église.

Il faut se rappeler de la piscine de Béthesda où un ange de Dieu y descendait de temps en temps pour agiter l'eau. Les saintes écritures font mention de la guérison de la personne qui y descendait en premier après que l'eau avait été agitée peu importe sa maladie (Jean 5 : 2-4). Ce récit biblique montre que la puissance du Saint-Esprit chasse les démons et guérit toutes les maladies. L'église souffre encore de cette puissance. Nous ne sommes pas épargnés des fléaux qui attaquent le monde à cause de notre incrédulité face à la vie de sainteté pour que le Saint-Esprit puisse faire écho en nous. Or, la Bible dit que notre Dieu ordonne que nous soyons puissants (Psaumes 68 : 28). L'esprit de Dieu est disposé à manifester sa présence en nous et autour de nous à la seule condition que nous menions une vie de sainteté.

L'église est appelée à faire la différence dans ce monde impie parce que Jésus nous qui nous sommes

Pierre, (au sens des dignes prédicateurs de la Parole de Christ) et que sur cette pierre il bâtira son Église, et que les portes du séjour des morts ne prévaudront point contre elle (Matthieu 16: 18). Nous sommes tellement des êtres spéciaux qu'on nous appelle une race élue, un sacerdoce royal, une nation sainte et un peuple acquis (1 Pierre 2 : 9).

Donc, on peut affirmer, au regard de la Bible, que le chrétien est synonyme de puissance. Il est question de la vraie puissance qui nous permet de dominer sur les forces sataniques, d'imposer les mains aux malades et d'opérer des miracles dans le nom de Jésus.

J'ai été en mission en Haïti dans une zone très reculée. La vieille maisonnette qui m'accueillait n'avait qu'un rideau qui servait de porte à l'entrée. Il y avait un esprit démoniaque causant la noyade de beaucoup d'enfants de la zone. Le Seigneur m'a ordonné d'aller mettre en déroute cet esprit diabolique. J'ai effectivement commandé ce démon, dans le nom puissant de Jésus, afin qu'il soit jeté dans l'abîme.

Dans la soirée, il n'y avait personne d'autre à la maison, mais Jésus était avec moi. Mécontents de la situation, j'ai vu une bande de gens qui encerclaient la maisonnette sous l'instigation de cet esprit alors qu'il était à peine minuit lorsque je me suis réveillé. Je me suis prosterné pour prier Dieu en lui demandant d'intervenir en ma faveur. Dans un laps de temps, j'ai vu un éclair qui se plantait à l'entrée de la maison en vue de la barricader. Je vous assure, frères et sœurs, la bande était dispersée et j'ai pu me reposer pendant toute la nuit sans rien apercevoir. Ce jour-là, j'ai expérimenté la puissance que procure le Saint-Esprit.

Cette puissance dépend de notre relation avec Dieu. Elle existe dans le jeûne, dans la prière, dans la pratique d'une vie axée sur les œuvres de l'Esprit.

Le « parler en d'autres langues »

Plus d'un croient que le « parler en d'autres langues » est l'évidence du Saint-Esprit. Je prends le contrepied de cette affirmation parce que Jésus n'a jamais parlé en d'autres langues durant son passage sur la terre alors qu'il a toujours fait montre de l'évidence du Saint-Esprit en lui. Le « parler en langue » est une manifestation du Saint-Esprit et non l'évidence du Saint-Esprit. En ce qui concerne l'évidence du Saint-Esprit dans la vie de quelqu'un, l'apôtre Paul nous renvoie aux fruits de l'Esprit.

Les œuvres de l'Esprit

La chair et le sang ne peuvent, à eux seuls, servir fidèlement Dieu sans l'aide de l'esprit. D'ailleurs, le combat que nous menons n'est pas charnel, mais il est plutôt spirituel. Toute démarche qui vise à combattre le péché seulement par la chair est vouée à l'échec. L'apôtre Paul nous dit que nous ne faisons pas le bien que nous voulons, et nous faisons le mal que nous ne voulons pas parce que la chair a tendance à prendre le dessus en nous (Romains 7 : 19-20). D'où l'importance des œuvres de l'Esprit.

Nous avons été baptisés et abreuvés par l'Esprit dans le corps de Christ (1 Corinthiens 12 : 13). Nous avons aussi été régénérés par lui qui nous a transformés afin que nous soyons revêtus d'une nouvelle nature. En nous laissant guider par l'Esprit, nous sommes des enfants de Dieu qui nous a adoptés par le biais de l'Esprit (Romains 8 : 14-16).

De ce fait, nous ne devons pas vivre selon la chair parce que l'Esprit de Christ nous est habité. Autrement dit, Christ est formé en nous et vit en nous (Galates 4 : 19; Colossiens 1 : 27), les sentiments de Christ opèrent en nous en vue de nous rendre conformes à son image (1 Philippiens 2 : 5; Romains 8 : 29). Cela signifie que la vie de sainteté que nous devons mener réside dans la personnalité et la volonté de Christ pourvu que nous nous abandonnions à lui.

La Bible dit que nous sommes manifestement une lettre ouverte de Christ, écrite, non avec l'encre, mais avec l'Esprit du Dieu vivant sur nos cœurs (2 Corinthiens 3 : 2-3). Ce verset fait référence à la personnalité de Christ qui doit briller en nous.

Nous devons être comme lui en suivant son exemple lors de son passage sur la terre, car il n'a jamais connu le péché. Nous avons crucifié la chair et nous devons produire des fruits de l'Esprit (Galates 5 : 23) qui sont :

- **l'amour** qui est l'un des premiers sentiments que nous avons hérité de Jésus. En tant que ses disciples, on doit s'aimer les uns des autre parce que Dieu est amour, et quiconque aime est né de Dieu et connaît Dieu tandis que celui qui n'aime pas ne connaît pas Dieu (1 Jean 4 : 7-8). On doit aussi aimer ceux et celles qui ne nous aiment pas. Un cœur aimant n'a pas de place pour la jalousie et d'autres pratiques non conformes à la volonté de Dieu (1 Corinthiens 13 : 4-5);
- **la joie**, est l'œuvre du Saint-Esprit (Romains 14 : 17). Cette joie est indépendante des vicissitudes de la vie et de n'importe quelle épreuve, car la joie de l'Éternel est notre force (Néhémie 8 : 10) et nos noms sont inscrits dans les cieux (Luc 10 : 20). Le monde est incapable de nous procurer cette joie que nous trouvons en abondance en Jésus (Psaumes 16 : 11). Le chrétien doit faire des épreuves un sujet de joie en donnant gloire à Dieu (Jacques 1 : 2);
- **la paix**, est issue du caractère de Dieu qui la donne lui-même à ses enfants en tout temps et de toute manière (2 Thessaloniciens 3 : 16). Nous l'avons héritée de Jésus (Jean 16 : 33), lui qui nous la donne afin que nos cœurs ne troublent point (Jean 14 : 27). Cela signifie que Jésus nous a donné une paix intérieure qui nous pousse à

avoir la paix avec nos prochains et à la cultiver lors même qu'on soit perturbé (Matthieu 5 : 9);

- **la patience**, une arme qui nous permet de voir l'accomplissement des promesses faites par Dieu (Hébreux 10 : 36) et sauver nos âmes (Luc 21 : 19). Dieu fait toujours preuve de patience envers nous afin que nous soyons repentis de nos péchés (2 Pierre 3 :9);
- **la bonté** quant à elle, fait référence à la politesse et à l'amabilité. Dieu veut que nous soyons bons avec tout le monde (2 Timothée 2 : 24);
- **la** bénignité qui est synonyme de **douceur**. La Bible nous commande de faire preuve de douceur dans nos réponses afin de ne pas provoquer la colère chez l'autre (Proverbes 15 : 1);
- **la fidélité** que nous devons pratiquer dans nos relations (la fidélité dans le mariage sera abordé dans la section sur la sanctification du corps);
- **la douceur** qui signifie n'être pas enclin à la colère. La Bible précise que la douceur doit être connue de tous (Philippiens 4 : 5). En d'autres termes, nous devons être doux envers tout le monde. La douceur nous oblige à faire preuve de modération et d'humilité dans nos relations avec les autres. De plus, Jésus nous a enseigné la douceur lors de son passage sur la terre (Matthieu 11 : 29);

- **la tempérance,** pour sa part, commande la maîtrise de soi. C'est faire preuve de sagesse tout en retenant toute sa passion (Proverbes 29 : 11). La tempérance requiert de la discipline, de la modération et de la retenue.

En somme, les œuvres de l'Esprit sont l'évidence du Saint-Esprit dans la vie du Croyant tandis que le « parler en d'autres langues » constitue une manifestation du Saint-Esprit.

Le baptême

Le baptême est l'une des deux ordonnances dont disposent les chrétiens. Il s'agit d'un engagement de bonne conscience. Ce qui fait que les mineurs, les malades mentaux ne peuvent pas se faire baptisés. Il en existe deux (2) types qui sont le baptême par aspersion pratiqué surtout par les catholiques pratiquants et le baptême par immersion prôné par les protestants. Le premier consiste à verser quelques gouttes d'eau sur la tête de la personne baptisée. Le second veut que le baptisé soit plongé, immergé dans l'eau.

Pour nous les chrétiens protestants, « baptiser » signifie plonger. Le plongement total symbolise la mort au péché et le fait de sortir sous l'eau symbolise la résurrection avec Christ. La Bible précise que nous avons été enterrés avec lui par le baptême, nous sommes aussi ressuscités en lui et avec lui, par notre foi en la puissance de Dieu, qui l'a ressuscité des morts (Colossiens 2 : 12).

En outre, Jésus a été baptisé par immersion (Matthieu 3 : 16). Nonobstant l'importance du baptême pour les chrétiens, il ne sauve pas. « Celui qui croira et qui sera baptisé sera sauvé, mais celui qui ne croira pas sera condamné » (Marc 16 : 16). Au regard de ce récit biblique, ce n'est pas le baptême qui nous sauve, mais notre croyance, notre foi en Jésus. Il est vrai qu'on reçoit le Saint-Esprit à partir du moment où nous acceptons Jésus comme sauveur et Seigneur. Néanmoins, la Bible précise que l'Esprit de Dieu descendit sur Jésus après qu'il fut sorti de l'eau (Matthieu 3 : 16).

La sainte-cène

La sainte-cène est la deuxième ordonnance au cours de laquelle les baptisés, couramment appelés membres de l'église, prennent le pain qui symbolise le corps de Jésus et le vin qui nous rappelle son sang. En d'autres termes, c'est le repas du seigneur.

Nous avons pour obligation de manger le pain et de boire la coupe dignement. Dans le cas contraire, nous sommes coupables envers le sang et le corps de Christ (1 Corinthiens 11 : 27). Nous devons aussi nous éprouver c'est-à-dire qu'il revient à nous de nous évaluer afin de savoir si on est en condition de prendre le repas du Seigneur (1 Corinthiens 11 : 28). C'est en produisant les œuvres de l'Esprit que nous pouvons vérifier si on est digne de participer au repas de Christ. A défaut de respecter ces principes, nous pouvons être frappés d'infirmité, de maladie (1 Corinthiens 11 : 30). En conséquence, il ne suffit pas d'être baptisé pour participer au repas du Seigneur, mais une vie de sainteté est nécessaire.

La sanctification du corps

Ces dernières années, plusieurs prédicateurs d'une permissivité diabolique, promeuvent une conception libérale de la parole de Dieu. Contrairement à la Bible, ils établissent une hiérarchie entre le corps, l'âme et l'esprit. De l'avis de ces hommes et femmes, le corps n'a pas d'importance pour Dieu. Je m'inscris en faux contre cette façon de voir, car la Bible dit « que le Dieu de paix vous sanctifie lui-même tout entiers, et que tout votre être, l'esprit, l'âme et le corps, soit conservé de manière irrépréhensible, lors de l'avènement de notre Seigneur Jésus-Christ » (1 Thessaloniciens 5 : 23).

A la lumière de ce verset, force est de constater que le corps est de la même valeur que l'âme et l'esprit aux yeux de Dieu peu importe que vous soyez du côté de la trichotomie ou de la dichotomie. De surcroît, nous devons glorifier Dieu dans notre corps et dans notre esprit parce qu'ils appartiennent à Dieu nous dit 1 Corinthiens 6 : 20.

Nous chantons tout le temps que nos corps, nos cœurs et nos âmes ne nous appartiennent plus parce que l'amour de Dieu les réclame tandis que nous refusons de respecter les règles de conduite relatives à la sanctification du corps. D'ailleurs, l'apôtre Paul nous dit que nous sommes le temple de Dieu et par conséquent, l'Esprit de Dieu habite en nous (1 corinthiens 3 : 16). Cela signifie que notre corps est le temple du Saint-Esprit sachant que celui-ci ne peut pas demeurer dans un corps qui n'est pas mis à part pour Dieu. D'où l'importance de la sanctification du corps.

Les yeux sanctifiés

Ce que nous voyons influence ce que nous pensons. Cela veut dire que la majorité des choses que nous retenons passent par les yeux. En ce sens, la Bible déclare que l'œil est la lampe qui éclaire le corps s'il est en bon état et que si cette partie du corps n'est pas en bon état, le corps en général pataugera dans les ténèbres (Matthieu 6 :22-23).

L'œil est l'un des récepteurs sensoriels les plus sélectionnés pour recevoir les informations. Il représente une porte d'entrée pour le cœur et pour l'âme. Nous devons nous abstenir de placer de mauvaises choses devant nos yeux afin que nos esprits puissent demeurer intacts (Psaumes 101: 3). C'est pourquoi David a demandé à Dieu d'épargner ses yeux de toutes les vanités (Psaumes 119 : 37).

La tentation représente la première étape conduisant vers le péché (Jacques 1 : 14-15). Jésus a été tenté par Satan mais il n'a jamais commis de péché. La bible dit que le diable le transporta sur une montagne afin qu'il puisse avoir une vue panoramique des royaumes du monde. Satan lui a dit qu'il peut lui donner toutes ces choses à condition qu'il prosterne et qu'il l'adore. Jésus lui a chassé de la montagne en déclarant que seul Dieu doit faire l'objet d'adoration (Matthieu 4 : 8-10).

L'exemple de Jésus est révélateur d'une vérité : Satan est au courant que nos esprits sont plus facilement affectés par les yeux. Donc nous devons placer nos yeux loin des tentations. Un chrétien par exemple ne peut pas regarder n'importe quel film, ne peut pas s'abonner à n'importe quelle page sur les réseaux sociaux afin de ne pas s'exposer à la tentation.

Cependant, certaines situations échappent à notre contrôle. De nos jours, il est difficile de faire la différence entre certaines personnes qui se disent croyantes et un païen parce qu'ils s'habillent de la même manière. Cela peut représenter parfois une tentation. Si c'est le cas, détournez le regard afin de ne pas prolonger la tentation, car cela peut aussi déboucher sur la convoitise.

En définitive, nous devons nous abstenir des tentations des yeux parce que Jésus nous a enseigné que les yeux sont en étroite relation avec le corps. De ce fait, en vue de parvenir à un corps sain, nous sommes dans l'obligation de sanctifier nos yeux.

L'habillement

Plusieurs récits bibliques prouvent que les mauvaises tenues vestimentaires ne font pas plaisir à Dieu. Plus d'un soutiennent que l'apparence n'a aucune importance. Pourtant, la Bible affirme ce qui suit : « je veux aussi que les femmes, vêtues d'une manière décente, avec pudeur et modestie, ne se parent ni de tresses, ni d'or, ni de perles, ni d'habits somptueux » (1 Timothée 2 : 9). Lorsque Dieu demanda à Jacob d'aller à Béthel, Celui-ci demanda à sa maison et à toutes les personnes qui étaient avec lui de se séparer des dieux étrangers, de se sanctifier et de **changer de vêtements** (Genèse 35 : 1-2).

Jacob exigeait qu'ils changent de vêtements parce qu'il savait pertinemment bien qu'il y en a de ces vêtements qui ne font plaisir à Dieu . La Bible dit qu'ils donnèrent à Jacob tous les dieux étrangers y compris les anneaux qu'ils portaient (Genèse 35 : 4). De ce verset, nous déduisons qu'une servante de Dieu, digne de ce nom, ne peut pas porter des anneaux et autres bijoux connexes. Le chrétien doit nécessairement faire preuve de modestie dans la tenue extérieure en général et l'habillement en particulier.

La Bible nous dit que les personnes qui refusent de s'habiller avec chasteté agissent sous l'impulsion des démons. Les Saintes écritures nous racontent l'histoire de l'homme de Gadara qui enlevait incessamment ses habits parce qu'il était possédé par un démon. Jésus chassa le démon et l'homme n'avait plus cette attitude après avoir retrouvé toutes ses capacités cognitives (Luc 8 : 27, 35).

La sanctification du corps commande le chrétien de ne pas porter n'importe quel habit. Une femme doit s'abstenir des vêtements qui laissent entrevoir sa forme comme si elle était à moitié nue. D'ailleurs, Dieu, dans sa sainteté, place même les fruits dans leurs enveloppes afin qu'ils ne soient pas nus. Cela veut dire que le corps doit être couvert décemment parce qu'elle a une grande importance dans une vie de sainteté.

Concernant le distinguo établi par la parole de Dieu entre un habillement d'homme et celui de la femme (Deutéronome 22 : 5), la société mondiale y compris certains leaders plonge dans une terrible hypocrisie. Il est normal pour eux qu'une femme porte un pantalon et une chemise. A l'inverse, un garçon qui porte une jupe et un chemisier fera l'objet de moquerie. Il est vrai que le mot « pantalon » n'est pas mentionné dans le verset mais il reste et demeure un habillement d'homme et par conséquent, une femme ne doit pas en porter au regard de la Bible. Ces pratiques souillent le corps qui est le temple du Saint-Esprit.

Les tatouages

En plus de la question d'habillement, d'autres pratiques comme les tatouages, les faux-ongles et les perruques peuvent souiller notre corps. Dieu nous exhorte de ne point faire d'incisions dans notre chair et de n'imprimer aucune figure sur nous (Lévitique 19 : 28). En fonction de ce qui est dit dans la Bible, nous devons avoir en horreur toute forme d'impression sur la chair.

Le maquillage

Le maquillage est lié à la vanité. C'est une pratique contraire à la volonté de Dieu qui est notre séparation d'avec le monde. Je ne suis pas en train de dire qu'un serviteur ou une servante de Dieu ne doit pas se faire bel/le. Toutefois, cela doit se faire avec pudeur et modestie. Rappelons-nous de l'histoire d'Esther qui, contrairement aux autres mariées potentielles, ne s'était pas maquillée pour présenter devant le roi (Esther 2 : 13-15).

Le maquillage des paupières (extensions de cils, fards à paupières, perruques et autres pratiques) est apparu pour la première fois dans l'Égypte ancienne vers 3000 av. J.-C. Il a été introduit par les femmes corrompues, les prostituées dans le but de faire du *sex-appeal.* Cette pratique est mentionnée dans le Proverbes 6 : 25 qui dit : « ne la convoite pas dans ton cœur pour sa beauté, Et ne te laisse pas séduire par ses paupières ». De plus, la Bible dit que Jézabel, femme d'Achab, se maquilla en vue de séduire Jéhu, roi oint d'Israël, qui avait la mission de détruire la famille d'Achab (2 Rois 9 : 30).

En raison de ce qui est mentionné ci-dessus, on constate que Dieu n'approuve pas cette pratique et invite les chrétiens à prendre soin d'eux avec pudeur, décence et modestie.

L'impudicité

L'impudicité fait référence à toutes les pratiques et relations sexuelles illégales. La Bible nous dit qu'il faut s'abstenir de l'impudicité (Actes 15 : 14). Elle concerne les relations sexuelles hors des liens du mariage, les ébats sexuels en dehors du mariage, la masturbation masculine et féminine, la pornographie, l'homosexualité, inceste et toutes les autres pratiques connexes comme l'usage des jouets sexuels, les interruptions volontaires de grossesse, les relations sexuelles avec les animaux et le fait de fantasmer sur des relations sexuelles sur une autre personne qui n'est pas son époux ou son épouse.

Les relations sexuelles hors mariage violent le caractère sacré du mariage et du sexe qui eux-mêmes visent la procréation. Parfois, le sexe en dehors du mariage peut conduire à des conséquences comme des grossesses non désirées et même des maladies sexuellement transmissibles. Paul a dit aux chrétiens de Corinthe qu'il y a parmi eux de l'impudicité qu'on ne rencontre même pas chez les païens (1 Corinthiens 5 : 1). L'impudicité rend le Saint-Esprit triste. La parole de Dieu nous exhorte de fuir l'impudicité, car quelqu'un qui se livre à l'impudicité pèche contre son propre corps (1 Corinthiens 6 :18). Une jeune fille m'a appelé après un service pour me dire que ma voix lui manquait. Je lui ai dit d'aller sur l'une des plateformes électroniques en vue d'écouter mes sermons afin qu'elle trouve satisfaction à son envie. Le Saint-Esprit qui est en moi me permettait de fuir l'intention impudique de cette jeune fille.

L'adultère

L'adultère est le fait pour une femme mariée ou un homme marié de coucher avec une autre personne. Il fait partie des péchés de la chair (Matthieu 15 : 19-20).

Il y est fait référence dans cette exhortation de l'auteur de l'épître aux hébreux : « que le mariage *soit honoré de tous, et le lit conjugal exempt de souillure, car Dieu jugera les impudiques et les adultères (Hébreux 13 : 4).*

Cependant, l'apôtre Paul décrit une autre forme d'adultère. Il est vrai que Dieu hait le divorce, mais certaines situations l'obligent. Néanmoins, s'il arrive qu'on soit obligé de se séparer, on ne doit pas entrer en relation avec aucun autre homme ou aucune autre femme tant que l'époux ou l'épouse soit vivant/e. Dans le cas contraire, il s'agit d'une situation d'adultère (Romains 7 : 2-3; 1 Corinthiens 7 : 10-11).

Chapitre 3:
La Parole de Dieu dans une vie de sainteté

Dans les saintes écritures, l'expression « Parole de Dieu » fait référence, d'une part, aux messages de Dieu (rema) (Luc 11 : 28).

La Parole de Dieu est en ce sens le porte-parole de Dieu. Toutefois, il semble que le titre « la Parole de Dieu » s'applique à quelqu'un dont Dieu se sert pour communiquer des informations et des instructions. Jésus nous a fait savoir que tout ce qu'il dit provient de Dieu et il le dit comme le Père le lui a dit (Jean 12 : 49-50). D'autre part, elle renvoie à la Bible (logos) comme boussole des chrétiens (2 Timothée 3 : 16).

La Bible, c'est la Parole de Dieu qui est donnée à tous les hommes, toutes les nations, toutes les races et toutes les cultures. C'est une parole inspirée de Dieu mais qui n'est pas au-dehors de nos réalités. La parole de Dieu transcende le temps et surpasse l'intelligence des hommes. Elle est un livre sacré dans lequel on trouve des réponses sur le but et le sens de la vie, sur l'éducation, la famille, le pardon et la vie de sainteté.

La Parole de Dieu a précédé toutes les créatures, car la Bible dit qu' au commencement était la Parole, et la Parole était avec Dieu, et la Parole était Dieu (Jean 1 : 1).

Le verset 3 du même chapitre précise que « toutes choses ont été faites par elle, et rien de ce qui a été fait n'a été fait sans elle ».

Il est donc important de réfléchir au rôle de la Bible (Parole de Dieu) dans le processus de sanctification du chrétien.

1. La mise en pratique de la Parole de Dieu

Nous avons le devoir de mettre la Parole de Dieu en pratique sachant que la Bible n'est pas un livre ordinaire, encore moins un recueil de vieux manuscrits truffé de mensonges. D'ailleurs, l'une des caractéristiques de la Parole de Dieu est qu'elle est véridique parce que la Bible nous dit que le fondement de la Parole de Dieu est la vérité (Psaumes 119 : 160).

Nous devons établir une grande différence entre les faits et la vérité. La vérité qui se trouve dans la Parole de Dieu est plus qu'un simple fait. Une personne qui permet à la Parole de Dieu de façonner ses pensées et ses activités, acquiert une compréhension spirituelle et vivifiante de la vérité. Toutefois, on doit passer par plusieurs étapes pour qu'on soit en condition de la mettre en pratique.

La première étape pour mettre en pratique la Parole de Dieu est de la lire. Avoir une Bible ne fait pas de quelqu'un un chrétien, car les païens en possèdent aussi. Elle doit être lue, reçue comme étant la parole de Dieu. Un chrétien, digne de ce nom, se doit de lire la Bible quotidiennement. Ce faisant, nous nous donnons comme objectif d'apprendre à connaître Dieu et sa volonté pour nous. En nous adonnant à la lecture de la Bible, nous découvrons un cortège d'éléments rassurants comme le plan de Dieu pour notre rédemption, ses promesses et son caractère. Nous avons aussi une idée de la vie de sainteté. De surcroît, cette connaissance de Dieu que nous retirons des saintes écritures est un socle solide en vue de mettre en pratique les principes de la Bible dans nos vies chrétiennes.

La deuxième étape consiste à étudier la Bible. Il est clair que pour étudier un livre, il faut qu'on soit en mesure de le lire mais la lecture ne suffit pas. Dieu est le véritable auteur de la Bible. De ce fait, la meilleure façon d'étudier la Parole de Dieu est de prier pour que l'auteur (Dieu) lui-même nous aide à comprendre un thème, un sujet ou n'importe quel livre de la Bible, et à produire des réflexions cohérentes sur ceux-ci en tenant compte du contexte, car la Bible de ne se contredit pas.

En ce qui concerne la troisième étape, elle commande de « mémoriser » la Parole de Dieu. La mémorisation de la Parole du Seigneur ne signifie pas une simple mobilisation des processus cognitifs lors même qu'il est impossible de mettre en pratique ce dont nous ne nous souvenons pas. En effet, le psalmiste David a précisé ce qui suit : « je serre ta parole dans mon cœur afin de ne pas pécher contre toi » (Psaumes 119 : 11). Cette écriture veut dire qu'on doit d'abord mémoriser la Parole de Christ avant même de penser à la serrer dans nos cœurs. En mémorisant la parole de Dieu, nous nous dirigeons vers la sanctification en écartant le péché loin de nous.

La quatrième étape est le fait de « méditer » la Parole de Dieu. La méditation de la parole de Dieu est l'une des plus grandes clés qui ouvrent les voies de la compréhension et de la vérité. Méditer, c'est remplir nos pensées par les pensées de Dieu. Autrement dit, la méditation de la Parole nous pousse à nous abandonner à Dieu en tenant comptes des promesses qu'il a faites. On est absorbé par ce que Dieu a dit. Il devient donc plus facile pour nous de faire sa volonté.

A cela s'ajoute la connaissance que produit la méditation de la Parole de Dieu. Il est fait référence dans le Psaumes 119 : 130 qui affirme ce qui suit : « la révélation de tes paroles éclaire, elle donne de l'intelligence aux simples ». Lire la Parole de Dieu sans la méditer, c'est comme manger sans digérer.

Jésus nous l'a aussi montré par le truchement de la parabole du semeur. En l'espèce, il s'agit d'un semeur qui sortit pour semer (Matthieu 13 : 4). Une partie de la semence tomba dans des endroits pierreux où elle n'avait pas beaucoup de terre, elle fût brûlée et sécha parce qu'elle ne trouva pas un sol profond nonobstant qu'elle se leva aussitôt (Matthieu 13 : 5-6). Cette partie de la semence renvoie à quelqu'un qui a entendu et reçu la Parole mais qui ne la laisse pas s'enraciner en elle (Matthieu 13 : 20-21). Ces versets bibliques révèlent l'importance de la méditation de la Parole de Dieu.

Il faut savoir que la méditation n'a pas seulement pour effet de multiplier nos connaissances, mais elle vise aussi à nous permettre d'avoir une meilleure compréhension de Dieu et de sa Parole. Lorsqu'on commence à méditer la Parole de Dieu, on est illuminé par la compréhension de la conduite que Dieu attend de nous. Car l'un des objectifs visés par la méditation est de nous mettre en position de pratiquer la Parole de Dieu. La méditation « jour et nuit » nous amènera à respecter tout ce qui est dit dans les saintes écritures. La Parole et la connaissance de la révélation viendront nous permettre d'agir selon la volonté du Seigneur. On devient plus productif au fur et à mesure que la Parole de Dieu prend de la place dans notre vie.

Dieu veut que nous soyons des modèles pour le monde. En d'autres termes, il veut que nous soyons un livre ouvert pour toutes les personnes qui nous entourent. Tout comme Jésus était le reflet de sa gloire et l'empreinte de sa personne (Hébreux 1 : 3), nous devons être comme lui. Pour ce faire, nous devons nous donner complètement à ce que Dieu a dit. Devenons entièrement absorbé par ses commandements. Lorsqu'on se donne totalement à la méditation de la Parole de Dieu, il s'implique activement dans notre vie. Sachant qu'il est un Dieu de justice et de miséricorde, il s'engage envers nous si nous nous adonnons à sa Parole.

La Bible nous dit qu'il faut méditer la Parole de Dieu jour et nuit (Josué 1 : 8 ; Psaumes 1 : 1-3). Cela ne signifie pas de passer vingt-quatre heures à ne faire autre chose que lire la Bible d'autant plus que la méditation ne se résume pas en lecture.

Néanmoins, la Parole de Dieu ne doit pas être loin de nos lèvres en tout temps. A ce titre, Paul nous mentionne que la Parole est près de nous, dans notre bouche et dans notre cœur (Romains 8 : 10). La parole de Dieu est remplie de puissance et nous avons besoin que cette puissance produise des fruits en nous.

Il est très facile de méditer n'importe quand et n'importe où. Le Psaume 63 : 6 nous dit ceci : « lorsque je pense à toi sur ma couche, je médite sur toi pendant les veilles de la nuit ». Dès qu'on se souvient du caractère et de la grandeur de Dieu, on est en pleine méditation sur Dieu et sa Parole. La méditation sécurise notre esprit ainsi que nos émotions. C'est un outil très puissant qu'on doit utiliser pour garder notre esprit sous contrôle. La chair ne peut pas prendre la prééminence sur notre esprit quand nous méditons la Parole de Dieu et que nous acquérons la pensée renouvelée de Christ.

Ainsi, Nous nous nourrissons de la Parole du Seigneur en laissant sa puissance et la révélation des promesses de Dieu se concrétisent en nous, parce que l'homme ne vit pas de pain seulement, mais de toute Parole qui sort de la bouche de Dieu (Matthieu 4 : 4). La personne qui vit en parfait accord avec la Parole de Dieu rectifie constamment son état d'esprit et même sa façon de vivre.

En définitive, il faut rappeler que la vie de sanctification exige la mise en pratique de la Parole de Dieu en vue d'aiguiser notre discernement pour nous aider à mieux distinguer le bien du mal (Hébreux 5 : 14). C'est pourquoi il est important d'étudier, de mémoriser et de méditer la Parole de Dieu afin de la mettre en pratique. Toutefois, nous devons être rassurés de savoir que nous ne sommes pas seuls dans les efforts visant à mettre en pratique la Parole du Seigneur. Nous avons le Saint-Esprit qui demeure en nous (Jean 14 : 17).

Aussi, ne pouvons-nous connaître notre Sauveur Jésus-Christ que par le Saint-Esprit. Nous ne pouvons connaître le Saint-Esprit que par la Parole de Dieu, parce qu'il n'enseigne aucune chose qui soit contraire à la Parole.

2. Les bienfaits de la Parole de Dieu

Il est vrai que la Bible reste et demeure le livre le plus vendu et le plus traduit au monde. Néanmoins, on parle très peu des bienfaits que procure la Parole de Dieu. Dans cette section, nous allons faire le point sur la question.

2.1. La Parole de Dieu crée la foi en nous

Parler de la foi revient tout d'abord à dire qu'elle est salvatrice (Éphésiens 2 : 8). Les saintes écritures définissent la foi comme une ferme assurance des choses qu'on espère, une démonstration de celles qui sont invisibles (Hébreux 11 : 1). L'histoire de Rahab est un exemple parfait de la foi dont il est question. Cette prostituée, qui allait devenir une ancêtre de Jésus, cacha deux (2) espions venant d'Israël sur le toit de sa maison. Elle faisait preuve d'une foi en Dieu en déclarant aux espions que tous les habitants tremblent devant eux parce qu'ils ont l'Éternel dans leur camp (Josué 2 : 4-10). Cette déclaration suffit pour parler de la foi de Rahab.

Toutefois, la foi, si elle est dépourvue de bonnes œuvres, est morte (Jacques 2 : 26). Notre foi en Jésus doit se baser sur la Parole. De ce fait, la Bible nous mentionne que « la foi vient de ce qu'on entend, et ce qu'on entend vient de la Parole de Christ. Cela veut dire que la foi en la Parole de Dieu précède notre salut. C'est par la foi que nous reconnaissons que le monde a été créé par la parole de Dieu, que l'invisible crée le visible (Hébreux 11 : 3).

Il en est de même pour la vie de sainteté qui exige elle-aussi une foi en la Parole, car sans la foi il est impossible d'être agréable à Dieu (Hébreux 11 : 6). Nous ne pratiquons pas l'adultère parce que nous croyons qu'elle est contraire à la volonté du Seigneur. C'est aussi la Parole qui nous dicte le comportement à adopter pour hériter le Royaume de Dieu. La foi ne signifie pas simplement croire en des miracles. Nous combattons aussi le péché par la foi qui est le premier des bienfaits que nous procure la Parole de Dieu et qui est le « ...bouclier avec lequel nous pouvons éteindre tous les traits enflammés du malin » (Ephésiens 6 : 16).

2.2. La puissance de la Parole

Quand on étudie la Bible et on l'absorbe, toute la puissance créatrice de la Parole de Dieu est à l'œuvre en nous parce que Dieu n'a utilisé rien d'autre que sa Parole et son Esprit pour créer l'univers. Cette même puissance de la Parole nous est transmise dans la Bible. Paul a dit aux chrétiens de Thessalonique qu'on rend continuellement grâces à Dieu de ce qu'en recevant la Parole de Dieu, qu'on leur a fait entendre, ils l'ont reçue, non comme la parole des hommes, mais comme la Parole de Dieu qui agit en nous qui sommes des croyants (1 Thessaloniciens 2 : 13).

La Parole de Dieu est comparable à la pluie et à la neige qui descendent des cieux pour arroser, féconder la terre et faire en sorte que les plantes fleurissent, parce qu'elle ne retourne pas à Dieu sans effet, sans avoir exécuté sa volonté et accompli ses desseins (Ésaïe 55 : 10-11). La Parole nous aide à mieux lutter contre les ruses du diable. D'ailleurs, Satan connaît aussi la Parole. Jésus nous a montrés que la connaissance de la Parole est d'une importance capitale pour vaincre l'ennemi.

La Bible précise que Jésus a été tenté par le diable pendant ses quarante (40) jours de jeûne. Étant donné que Jésus avait faim, le diable lui a dit de transformer une pierre en un morceau de pain s'il est effectivement Fils de Dieu. Jésus a rétorqué pour dire que l'homme ne vit pas de pain seulement, mais de toute parole qui sort de la bouche de Dieu (Luc 4 : 1-4). Jésus a puisé en Deutéronome 8 : 3 pour répondre Satan.

Par ailleurs, Satan lui a fait miroiter les royaumes de la terre moyennant que Jésus se prosterne devant lui. A Jésus de répondre qu'il est écrit que seul le Seigneur est digne d'adoration (Luc 4 : 8). Nous venons de constater qu'à deux reprises, Jésus a fait montre d'une très grande connaissance de la Parole. La leçon à tirer est la suivante : si Jésus qui est Dieu a fait preuve de connaissance de la Parole, nous, les chrétiens, sommes condamnés à étudier la Parole de Dieu afin d'être à la hauteur des persécutions de

Satan. En outre, la puissance de la Parole repose dans son application.

Paul compare un chrétien à un soldat dont l'épée est l'Esprit, qui est la Parole de Dieu (Éphésiens 6 : 17). On peut affirmer que cette épée est plus tranchante qu'une épée quelconque à double tranchants, pénétrante jusqu'à partager âme et esprit, jointures et moelles, en se basant sur l'efficacité de la Parole de Dieu (Hébreux 4 : 12). La Parole de Dieu a cette capacité de nous compléter et de nous armer pour que nous soyons prêts pour toute bonne œuvre. Satan a peur de nous lorsque nous le combattons avec la Parole de Dieu, utilisons donc cette arme contre lui.

Aujourd'hui, plus d'un pensent que la puissance de la Parole est teintée par les dérives des faux prophètes qui prétendent annoncer la bonne nouvelle. Sachez que la Parole de Dieu n'est pas le fruit de la sagesse humaine. La Bible nous a déjà prévenu de ces agissements dans les derniers temps. Soyez assurés que la Puissance de la Parole est la même hier, aujourd'hui et éternellement au même titre que son auteur. Toutefois, elle n'aura pas d'effet tant que nous ne la recevons pas avec foi. La Parole de Dieu est puissante pour ceux qui croient. Elle sera efficace si nous ouvrons notre cœur à la foi. A la lumière de ce qui vient d'être dit, les saintes écritures mentionnent l'incrédulité du peuple Israël dans Hébreux 4 : 2 : « car cette bonne nouvelle nous a été annoncée aussi bien qu'à eux; mais la Parole qui leur fut annoncée ne leur servit de rien, parce qu'elle ne trouva pas de la foi chez ceux qui l'entendirent ». Ce verset biblique prouve que la Parole de Dieu doit être couplée à la foi pour qu'elle puisse donner de résultat.

2.3. La Parole de Dieu : une source de prospérité

La Parole est une clé qui ouvre la porte des bénédictions spirituelles et matérielles. Cela signifie que notre prospérité commence à partir du moment où nous devenons un acteur de la Parole de Dieu. « Que ce livre de la loi ne s'éloigne point de ta bouche; médite le jour et nuit, pour agir fidèlement selon tout ce qui est écrit; car c'est alors que tu auras du **succès** dans tes entreprises, c'est alors que tu réussiras » (Josué 1 : 8).

Cette écriture vient nous montrer comment Dieu relie notre succès à notre engagement envers sa Parole. Si la Parole du Seigneur guide nos actions, notre succès est inévitable. Celui qui trouve son plaisir dans la loi de l'Éternel en la méditant jour et nuit est comme un arbre dont les feuilles ne se fanent pas même en période de sécheresse. Il est un arbre fermement planté. Toutes ces initiatives seront réussies parce qu'il est lié à la source de vie (Psaumes 1 : 2-3). Il est fortement conseillé au chrétien d'obéir aux principes bibliques s'il veut réussir ses projets (Luc 11 : 28).

2.4. La parole de Dieu nous rend sages

Avoir de la crainte pour le Seigneur est la première étape à franchir afin d'être sage (Psaumes 111 : 10). D'où vient la sagesse ? Elle est l'œuvre de la Parole de Dieu qui habite parmi nous abondamment, qui nous instruit en toute sagesse (Colossiens 3 : 16). Cette parole rend aussi les hommes sages à salut en ce sens qu'elle dicte la voie à suivre pour entrer dans le Royaume de Dieu. Paul disait à Timothée qu'il connaît les saintes lettres (la Parole de Dieu) qui peuvent le rendre sage à salut par la foi en Jésus Christ (2 Timothée 3 : 15). Par la Parole de Dieu, notre capacité de jugement augmente parce que nous recevons une lumière (Psaumes 119 : 130). Aussi, faut-il préciser que la vie de sainteté commande le chrétien à faire montre de sagesse envers ses frères et sœurs.

2.5. La Parole mûrit le chrétien

Quand les bébés naissent, ils doivent être allaités pour vivre et grandir. Lorsqu'on est né de nouveau, on est un bébé sur le plan spirituel. La Parole de Dieu constitue le lait spirituel qui fait grandir le Chrétien. De ce fait, la Bible dit que nous sommes comme des enfants nouveau-nés qui doivent boire le lait spirituel et pur afin de croître pour le salut (1 Pierre 2 : 2). Le chrétien se doit de faire des progrès spirituels parce qu'ils sont aussi plus importants que les progrès d'ordre matériel.

Vous pouvez changer de maison, de voiture et d'autres meubles comme bon vous semble, mais sachez que votre salut dépend de votre progrès spirituel. C'est en ce sens que nous disons qu'il faut travailler d'abord pour son épanouissement spirituel. Ce progrès dont il est question doit être remarquable.

De plus, la Parole de Dieu n'est pas un simple lait, mais elle représente aussi un pain pour nourrir notre âme. Nous sommes dans l'obligation de dévorer sa Parole parce qu'elle apporte joie et allégresse dans notre cœur (Jérémie 15 : 16). De nos jours, les gens sont beaucoup plus intéressés par les services de guérison au mépris des études bibliques. Pourtant, nos prières ne peuvent pas trouver de réponse si elles ne sont pas ancrées dans la Parole de Dieu.

Un croyant ne peut pas mener une vie de sanctification s'il n'a pas mûri spirituellement. Cela veut dire qu'être saint comme le Seigneur Jésus est le gage d'une progression en Christ. Jacques nous dit que Dieu nous a façonnés selon sa volonté, par la Parole de vérité afin que nous soyons les prémices de ses créatures (Jacques 1 :18). Selon que vous ayez grandi ou stagné spirituellement, deux (2) options sont possibles. Soit la Parole de Dieu vous éloigne du péché, soit vous vous éloignez de la Parole de Dieu.

2.6. La Parole de Dieu convainc

La Bible mentionne que les écritures sont inspirées de Dieu et elles sont utiles pour convaincre (2 Timothée 3 : 16). La parole de Dieu nous éclaire et guide nos pas (Psaumes 119 : 105). C'est la Parole qui nous convainc d'abandonner le péché afin de vivre dans la sainteté, car quiconque est né de Dieu ne pratique pas le péché, parce que la semence de Christ opère en lui, et il ne peut pécher parce qu'il est né de Dieu (1 Jean 3 : 9).

On se rappelle du récit biblique sur Saül qui n'avait pas respecté les commandements de Dieu. Samuel a utilisé la Parole de Dieu pour convaincre Saül que Dieu hait les cupidités, les méchancetés, les mensonges (1 Samuel 13 : 13). Et la femme qui avait plusieurs partenaires quand elle a fait la rencontre de Jésus. Elle était partie témoigner qu'elle venait de rencontrer un homme qui lui a raconté sa vie comme s'il la connaissait depuis un bon bout de temps.

Ce faisant, elle est sur le point d'être régénérée parce que la parole de Christ l'a convaincue. C'est pourquoi l'apôtre Pierre disait que nous avons été régénérés par une semence incorruptible qui est la Parole vivante et permanente de Dieu (1 Pierre 1 : 23). En d'autres termes, la Parole nous convainc dans le but de nous régénérer.

2.7. La Parole est source de consolation

La Parole est une source de consolation lorsque nous traversons des moments difficiles. Face aux défis de ce monde, nous trouvons de l'espoir quand nous sommes accablés par les vicissitudes de la vie en méditant la Parole de Dieu. Romains 15 : 4 dit que « tout ce qui a été écrit d'avance l'a été pour notre instruction, afin que, par la patience, et par la **consolation que donnent les écritures,** nous possédions l'espérance ». Ce réconfort n'existe que dans la Parole de Dieu sachant que ses promesses ne failliront jamais.

Grâce à la Parole, nous ne sommes pas ébranlés lors même que nous sommes dans l'adversité. Nous avons une attente confiante. Paul nous conseille d'avoir l'espérance du salut pour casque (1 Thessaloniciens 5 : 8). Faites usage de ce casque quand la dépression vous ronge, quand les pensées suicidaires sont à deux pas de prendre le dessus sur la nouvelle personne.

2.8. La Parole de Dieu enseigne et instruit

La fonction d'enseignement et d'instruction de la Parole tend à transmettre des connaissances qui doivent nous rendre agréables à Dieu. Cela sous-entend que lorsqu'on commence à lire et à étudier la Parole de Dieu, nous acquérons de solides connaissances sur Dieu lui-même ainsi que sa volonté. C'est la raison pour laquelle on a tendance à assimiler les gens de bonne éducation à des chrétiens. Lorsqu'on suit les enseignements de la Bible, on fait preuve de retenue en parole et en action.

La Parole nous enseigne même sur la manière dont on choisit nos amis. L'ennemi de Dieu ne doit pas être mon ami. Cette attitude n'a rien à voir à un certain complexe de supériorité. On est tous des créatures de Dieu mais les enfants de Dieu acceptent de marcher selon sa volonté. Aussi aimable que puisse vous paraître un païen, il est un ennemi parce qu'il est un soldat du diable.

En tant que chrétien nous ne pouvons pas être liés à des païens, sous aucun prétexte. Le chrétien, en l'espèce, est pris au sens de croyant. Celui-ci n'est pas simplement une personne qui confesse ou acquiesce mentalement. L'obéissance à la Parole de Dieu est la preuve de la croyance au regard de la Bible (1 Jean 2 : 3; 5 : 1-3). Car les démons croient aussi mais ils ne font pas la volonté de Dieu.

Si vous n'obéissez pas à la Parole de Dieu, dites-vous bien que vous avez un manque de croyance (Romain 10 : 16-17). Le terme croyant renvoie à une personne qui a fait l'expérience du plan du salut (Actes 2 : 38). De plus, nous ne pouvons pas prendre les païens pour amis parce que cela conduit à des compromissions avec le monde. D'ailleurs, Dieu nous exhorte de nous séparer d'avec le monde.

Certains disent qu'ils ne pratiquent pas la sorcellerie, d'autres disent qu'ils ne font rien de mal pour être qualifiés de partisans de Satan. Les personnes qui soutiennent ces idées se trompent, car Jésus a dit : « celui qui n'est pas avec moi est contre moi... » (Matthieu 12 : 30).

Il arrive que des personnes veulent qu'on s'explique sur notre comportement en tant que chrétien. La meilleure réponse est de dire que c'est la Parole de Dieu qui dicte le comportement des chrétiens. Ce ne sont pas les autorités gouvernementales, encore moins la société. Ceux qui ne se laissent pas enseigner par la Parole sont comme une voiture qui n'a pas de frein.

2.9. La Parole sanctifie, purifie

Pour comprendre ce pouvoir que détient la Parole, pensez donc à quelqu'un qui n'a pas pris son bain depuis sept (7) jours. Son corps doit sans doute dégager une odeur plutôt désagréable. Nonobstant cette odeur, la personne a la possibilité de changer la donne si elle se lave. C'est ce que fait la Parole de Dieu. Jésus s'est livré pour nous afin de nous sanctifier par la Parole et nous purifier par le baptême d'eau (Éphésiens 5 : 25-26). Cette Parole nous sanctifie parce qu'elle est la vérité (Jean 17 : 17).

Jacques assimile les personnes en qui la Parole ne produit aucun effet à un homme qui regarde dans un miroir son vrai visage, et qui, après s'être regardé, s'en va et oubli tout de suite la morphologie de son visage naturel (Jacques 1 : 23-24). Il est question ici de notre visage intérieur. En ce sens, la Parole de Dieu nous fait voir notre véritable état spirituel. Sous l'impulsion du Saint-Esprit, la Parole, par-dessus tout, nous sanctifie et nous montre ce que Dieu peut et veut faire de nous.

Chapitre 4:
Le rôle du berger

Une étude de la sainteté doit forcément nous amener au contact du berger. Le berger est responsable de veiller sur les brebis. D'où le rôle des leaders de l'Église. Le leader est généralement une personne qui est capable de conduire, d'influencer afin d'atteindre un objectif visé. En ce qui nous concerne, le leader renvoie à un dirigeant que Dieu a placé à la tête d'un ministère.

1. L'autorité dans l'Église

De prime abord, nous devons affirmer que le gouvernement de l'Église a été créé par Dieu. L'Église n'est pas une simple organisation humaine et elle ne se limite pas non plus à celle-ci. Elle est l'assemblée des chrétiens qui mènent des vies de sainteté et de consécration en expérimentant le salut. Être membre d'une assemblée, d'une dénomination particulière n'est pas synonyme de salut parce que le salut est personnel. Néanmoins, la route qui mène au salut est collective.

Un chrétien ne doit pas suivre un leader qui lui pousse à agir en contradiction avec les enseignements de la Bible, de ses convictions moyennant qu'elles sont ancrées dans la Parole de Dieu, ou qui enseigne une fausse doctrine. Quand nous parlons de l'autorité dans l'Église, cela renvoie aux leaders que Dieu a placés dans les ministères dans le but de conduire son peuple sur le chemin qui mène au ciel. C'est ce qui justifie une organisation dans l'Église.

L'exemple d'organisation dans l'Église a été donné par Jésus. Il avait choisi douze (12) disciples comme proches collaborateurs en déléguant à chacun, en ce qui le concerne, une mission particulière. Judas a été trésorier parce que c'était lui qui gardait la bourse (Jean 13 :29). Le livre des Actes, qui raconte l'histoire de l'Église, met en évidence l'administration, le choix des dirigeants ainsi que leur reconnaissance, la cohérence dans les décisions et la communion fraternelle dans l'Église primitive.

2. L'Église primitive : un modèle d'organisation

La Bible nous dit que cent-vingts personnes étaient réunies pour désigner un autre apôtre après la pendaison de Judas. Elles avaient jeté leur dévolu sur Joseph appelé Barsabbas, surnommé Justus, et

Matthias. Après avoir prié, elles ont finalement fait le choix de Matthias (Actes 1 : 15-26). Le verset 42 du chapitre deuxième du livre qui vient d'être cité, précise que ces personnes avaient persévéré dans l'enseignement des apôtres, dans la communion fraternelle, dans la fraction du pain, et dans les prières. Cela signifie que ces croyants avaient reconnu la direction des douze dans l'enseignement de la doctrine et dans l'établissement de la communion fraternelle. En ce qui concerne les dîmes et les offrandes, la Bible dit que les apôtres collectent des fonds donnés par les croyants (Actes 4 : 35).

De plus, Actes 6 précise que les douze (12) convoquèrent une réunion des disciples en vue d'instituer un comité chargé de s'occuper des affaires de l'Église particulièrement des veuves. Ils choisirent sept (7) d'entre eux qui ont été oint du Saint-Esprit et de sagesse (imposition des mains) afin que les douze puissent continuer avec le ministère de la Parole et de la prière. On retrouve aussi dans Galates 2 : 11-14 les réprimandes de Paul aux dirigeants de l'Église pour qu'ils s'abstiennent des fausses doctrines.

Ces exemples illustrent que l'organisation et l'autorité jalonnent toute l'histoire de l'Église de Christ. Ainsi, chaque ministère, chaque assemblée est sous la protection d'un berger que Dieu a désigné. Il est donc important que les assemblées détiennent une administration chargée de rendre le travail plus efficace.

3. L'attitude du chrétien face au leader

L'autorité des dirigeants dans l'Église découle de la Bible. Hébreux 13 : 17 stipulent ce qui suit : « obéissez à vos conducteurs et ayez pour eux de la déférence, car ils veillent sur vos âmes comme devant en rendre compte; qu'il en soit ainsi, afin qu'ils le fassent avec joie, et non en gémissant, ce qui vous ne serait d'aucun avantage ». En outre, Paul nous dit : « nous vous prions, frères d'avoir de la considération pour ceux qui travaillent parmi vous, qui vous dirigent dans le Seigneur, et qui vous exhortent. Ayez pour eux beaucoup d'affection, à cause de leurs œuvres (1 Thessaloniciens 5 : 12-13).

Ces versets bibliques s'appliquent à tous les ministères et toutes les assemblées. A la lumière de ces écritures, nous devons estimer les leaders de l'Église en les traitant avec révérence à cause du travail qu'ils font. Nous n'avons pas de respect pour eux et nous ne les estimons pas en tant qu'hommes, mais nous estimons et nous craignons les fonctions qu'ils remplissent. Certes, ils ne sont pas Dieu, mais ils ont reçu l'autorité de Dieu. Nous devons les estimer pour cette raison, car la Parole de Dieu nous dit : « que toute personne soit soumise aux autorités supérieures; car il n'y a point d'autorité qui ne vienne de Dieu, et les autorités qui existent ont été instituées de Dieu » (Romains 13 : 1). Le verset 2 du même livre parle du sort qui est réservé à ceux qui résistent à l'ordre que Dieu a établi en s'opposant aux autorités. Ces personnes attireront des condamnations sur elles-mêmes.

Par ailleurs, un serviteur ou une servante de Dieu qui n'obéit pas à la voix de son berger ou de ses dirigeants encourt de lourdes conséquences. Il est dit que ceux qui méprisent l'autorité, qui ne craignent pas d'injurier les gloires, périront par leur propre corruption et recevront ainsi le salaire de leur iniquité (2 Pierre 2 : 10-13).

De plus, Paul nous exhorte à honorer doublement les anciens qui dirigent bien, et surtout ceux qui travaillent à la prédication et à l'enseignement (1 Timothée 5 : 17). Aussi, a-t-il dit que la fin des temps sera marquée, entre autres, par une mise au défi de l'autorité établie par Dieu (2 Timothée 3 : 1-8). Jude nous mentionne aux verset 7 et 8 que la peine d'un feu éternel frappera ceux qui méprisent l'autorité et injurient la gloire.

En résumé, la sanctification exige aussi le respect des leaders au niveau des ministères et des assemblées chrétiennes. Les saintes écritures parlent de la nécessité d'estimer et d'honorer les personnes qui ont une position de dirigeant parce que leur pouvoir vient de Dieu. En ayant cette attitude, nous nous préservons de la colère du créateur.

4. Les obligations d'un bon leader

Les leaders, qu'ils soient pasteurs, docteurs, évangélistes, prophètes, diacres, doivent être des exemples pour le monde en général et les membres dont ils dirigent en particulier. La Bible dit que si quelqu'un aspire à ces fonctions, il désire une œuvre excellente (1 Timothée 3 : 1). Remarquez que le verset parle d'une œuvre excellente. Cela signifie que les leaders se doivent d'être des exemples à suivre dans toute l'acception du terme.

Le dirigeant d'une assemblée chrétienne doit être exempt de tout reproche. Il ne doit avoir qu'une seule femme parce que Dieu hait l'adultère. Il doit aussi faire preuve de tempérance et de modération, d'hospitalité, être réglé dans sa conduite et propre à l'enseignement (1 Timothée 3 : 2).

Dieu établit des critères spirituels pour choisir les leaders. Un homme qui ne dirige pas bien sa maison ne peut pas être berger dans l'Église de Jésus-Christ, car il est impossible de s'occuper de l'Église s'il n'est pas capable de bien diriger sa maison. De plus, l'obligation lui est faite de tenir ses progénitures dans l'obéissance et dans une parfaite honnêteté. (1 Timothée 3 : 4-5).

5. L'attitude d'un vrai leader

Lorsque Dieu nous appelle à diriger une assemblée chrétienne ou un ministère, notre première mission consiste à travailler pour le royaume de Dieu. Cependant, certaines personnes qui se disent leaders sont à la recherche de vedettariat plutôt que de s'occuper du travail du Seigneur.

Tandis que Dieu ne partage sa gloire en aucune manière, ils sont tellement obstinés au point de devenir enflés d'orgueil et de mégalomanie. Le sujet de leur prédication n'abonde que dans le sens de la prospérité financière. Cette conception va à l'encontre des conseils bibliques.

L'apôtre Jean souhaitait que Gaïus prospère à tous égards et qu'il soit en bonne santé, comme **prospère l'état de son âme** (3 Jean : 1-2). Dans cette portion des écritures, l'expression « à tous égards » revêt d'une importance capitale parce qu'elle signifie que la prospérité financière n'a pas d'importance si l'état de l'âme ne prospère pas à son tour. De ce fait, le leader doit guider les croyants en vue de mener une vie de sainteté.

Pour ce faire, le leader doit faire preuve d'une probité incorruptible, car on ne donne que ce qu'on a. Il doit recevoir l'appel de Dieu.

5.1. L'appel de Dieu

Tout d'abord, il est important de préciser que le ministère n'est pas une vocation que l'on choisit pour soi par hasard. C'est Dieu qui doit faire choix de nous. En ce sens, quiconque envisage de s'aventurer dans une carrière ministérielle doit s'assurer qu'il a effectivement reçu l'appel du Seigneur. Dieu choisit lui-même ses appelés. Il y en a qui choisissent de répondre à ce valeureux appel en lui soumettant toute leur vie, d'autres préfèrent rester à mi-chemin en faisant de ce privilège une simple vocation. Or, le ministère n'est pas seulement l'appel d'un jour , mais il est un engagement qui doit durer toute la vie.

Il est nécessaire que celui qui veut prendre la charge d'un ministère aie la certitude, la conviction d'avoir été appelé par Dieu pour exercer le ministère. Toutefois, Satan met en place tout un ensemble de ruses visant à nous limiter ou nous empêcher d'impacter notre monde en nous faisant douter, de manière constante, de l'authenticité de notre appel.

Les raisons qui peuvent motiver des gens à s'intéresser au ministère sont multiples. Certains viennent par altruisme, ils aiment se mettre au service des autres. D'autres se sentent bien quand ils sont en position d'autorité. Ces intentions ne sont pas mauvaises, mais elles ne sont pas suffisantes.

Il y en a qui viennent dorénavant pour soutirer de l'argent aux croyants qui les suivent sur les médias sociaux. Le ministère représente pour eux une bonne affaire, une source de grande richesse. De telles motivations sont contraires à la nature même de l'appel ministériel. Cependant, ils sont légion les leaders qui sont animés par ces mauvaises intentions dans les assemblées chrétiennes.

J'ai été dans une grande ville aux États-Unis pour organiser une conférence. L'équipe et moi, sommes allés voir un pasteur pour qu'il puisse mettre le sanctuaire à notre disposition pour quelques heures. J'étais sidéré en entendant les exigences, que l'on croyait inconcevables pour un homme de Dieu, qu'a fait le Pasteur. A ma sortie dans le temple, la voix de Dieu me dit de prononcer sur ce sanctuaire dont le leader n'a pas été appelé. Je me suis levé la main droite en déclarant que cet espace est maudit parce que Dieu y est absent. Chose dite, chose faite ! Le sanctuaire a été fermé par les autorités à cause d'un ensemble de malversations. Cette anecdote illustre une chose : beaucoup de personnes qui se disent leaders ne sont pas approuvées par Dieu.

Il n'existe pas une manière exacte de définir l'appel au ministère. Chaque personne reçoit son appel en fonction de sa situation. Certains ont été appelés par une révélation alors que d'autres avaient entendu la voix du Saint-Esprit qui leur parle. Néanmoins, on reconnaît les personnes qui n'ont pas été appelées par Dieu par les œuvres. Elles ne sont pas intéressées par la sanctification du peuple de Dieu.

La Bible décrit les différents procédés que Dieu utilise pour appeler ses serviteurs dans le ministère. Abraham avait soixante-quinze (75) ans lorsque Dieu lui demanda de quitter Charan pour se rendre à Canaan en vue de recevoir les bénédictions que Dieu lui avait réservées (Genèse 12 : 1-5). La parole de Dieu fut adressée à Ézéchiel sous forme de visions divines et c'est là que la main de Dieu fut sur lui (Ézéchiel 1 : 1-3) tandis que Jésus a demandé à Simon et André de le suivre pendant qu'ils pêchent avec leur filet (Matthieu 4 : 18 : 19).

En somme, la Bible décrit un ensemble de qualifications dont doivent faire montre les ministres. Tout le monde ne peut pas être leader. Celui-ci doit maintenir un style de vie basé sur la sanctification.

6. Le leader face au péché

Le leader, comme tous les chrétiens, doit fuir le péché.

Il a une responsabilité de prêcher contre le péché. L'Éternel a exhorté Ézéchiel d'avertir le méchant, de parler pour le détourner de sa mauvaise voie et de lui sauver la vie. Si le méchant mourra dans son iniquité nonobstant l'avertissement, c'est alors qu'Ézéchiel sauvera son âme. Dans le cas contraire, Dieu lui redemandera le sang du méchant (Ézéchiel 3 : 18-19).

Le leader doit aider les gens à savoir ce qu'est le péché en suivant les enseignements de la Bible y relatifs. Il a l'obligation de guider les croyants sur le chemin de la sainteté en établissant des principes nécessaires visant à maintenir une vie de sanctification. Ces standards sont pour le peuple de Dieu, particulièrement les fidèles dont le leader a la charge devant le Seigneur.

En outre, le vrai leader est une personne qui est remplie du Saint-Esprit et par conséquent, l'Esprit du Seigneur prêche à travers lui (Joël 2 : 28). Puisque Dieu hait le péché, le leader doit aussi haïr le péché. La Bible nous dit que c'est une preuve d'amour pour Dieu lorsque nous haïssons le mal (Psaumes 97 : 10). De plus, il est précisé dans Proverbes 8 : 13 que « la crainte de l'Éternel, c'est la haine du mal ». En conséquence, il est automatique d'avoir le péché en horreur si nous éprouvons de l'amour pour Dieu. Néanmoins, nous devons aimer le pécheur. Je ne cesse de dire que nous devons accueillir les païens quelle que soit la façon dont ils se présentent. Ne les jugez pas, ne les regardez pas avec dédain. Qu'ils soient homosexuels, consommateurs de drogue, alcooliques, la Bible nous commande de les accueillir dans la maison du Seigneur afin que la Parole de Dieu puisse faire écho en eux.

Le leader est un simple messager de Dieu. Il n'est pas l'auteur du message. Il doit délivrer le message sans en altérer le contenu. S'il ne le fait pas, il est en contravention avec Dieu.

Cependant, certains leaders de l'évangile « feel good » (*voir l'introduction*), sont si accommodants et hésitants qu'il est impossible pour eux de prêcher contre le péché. Il est vrai aussi que tous les leaders n'ont pas les mêmes personnalités en ce sens que certains sont plus justes et droits dans leurs convictions que d'autres. Selon ses dirigeants, prêcher contre le péché ne traduit pas un amour authentique pour le peuple de Dieu. Cependant, lorsqu'on aime quelqu'un qui vit dans le péché, cela ne veut pas dire qu'on ne doit pas lui faire savoir que le péché affecte son salut s'il refuse de repentir.

Le leader qui a reçu l'appel de Dieu, prêche la vérité indépendamment des sentiments des gens. Le vrai prédicateur ne prêche pas ce que les gens aiment entendre. Si quelqu'un se dit leader et qu'il laisse pataugé le peuple de Dieu dans le péché, il mérite d'être régénéré au même titre que le peuple pécheur.

7. Le leader tolérant et lâche

L'apôtre Jean rapporte que le Fils de Dieu s'est adressé à l'ange (leader spirituel) l'Église de Thyatire en ces termes : « ce que j'ai contre toi, c'est que tu laisses... » (Apocalypse 2 : 18-20). La deuxième partie de cette écriture traduit une certaine tolérance du leader de l'Église de Thyatire. Dieu ne supporte pas les leaders tolérants.

Peu importe ce que sont les inclinations personnelles d'un leader, le Saint-Esprit qui demeure en lui ne peut tolérer le péché. Si le Saint-Esprit règne en tant que Roi dans sa vie, l'onction et l'inspiration de l'Esprit lui donneront la force nécessaire pour ne pas tolérer le péché.

Le récit de la Bible sur un serviteur de Dieu qui s'appelait Éli est la preuve que les leaders sont punis par Dieu en raison de leur tolérance. En effet, Éli avait connaissance des crimes qui ont été commis par ses fils, mais il n'a rien fait pour les réprimer. L'Éternel a dit à Samuel que le crime de la maison d'Éli ne sera expié, ni par des sacrifices ni par des offrandes (1 Samuel 3 : 13-14). Même envers ses enfants, le leader ne doit pas être tolérant en ce sens qu'il ne fait rien tout en étant au courant des dérives.

Certains leaders se ferment les yeux sur les agissements des fidèles par peur que ces derniers quittent l'assemblée. Je m'adresse à ces leaders spirituels pour leur dire que seul le Saint-Esprit est indispensable dans un ministère. Le leader lui-même peut être remplacé s'il ne fait pas la volonté de Dieu.

D'autres adoptent ce comportement désinvolte en vue d'être toujours sur la même longueur d'onde avec le comité de l'Église, surtout si ces dérivent proviennent des membres du comité. Un leader ne doit pas être motivé par un salaire parce qu'il est d'abord et avant tout un employé de Dieu. Il n'est pas comme un administrateur d'une entreprise dont le mandat doit être régulièrement renouvelé. Peu importe l'auteur des dérives, le leader doit se montrer intransigeant envers le péché.

La lâcheté d'un leader se traduit aussi par son courage de prendre position contre le mal dans n'importe quelle condition.

J'ai été témoin d'une scène dans une assemblée où une sœur disait à un diacre qu'il ne devait pas se sentir confortable pour distribuer la sainte-cène. La servante a martelé qu'elle était allée voir le pasteur au sujet de ce diacre et le pasteur n'a pas pris la moindre décision. Le leader de cette assemblée est lâche parce qu'il n'a pas le courage de sanctionner un diacre qui mène une vie de débauche alors qu'il prétend travailler pour Dieu.

Certaines fois un culte d'adoration sans musicien vaut mieux qu'avec des musiciens sans onction. Voilà pourquoi nous disons que le leader ne doit pas être lâche et tolérant envers le péché.

8. Le leader doit rester loin des activités démoniaques

Dans Marc, on raconte l'histoire dans le pays des Gadaréniens, un homme qui était possédé par des esprits impurs. Ayant vu Jésus de loin, l'homme se précipita et se prosterna devant Jésus. Ce n'était pas l'homme de son propre chef qui se prosterna, c'était plutôt sous l'impulsion des démons (Marc 5 : 6). Ce récit corrobore l'affirmation selon laquelle certains croyants sont possédés par des démons. De ce fait, il est important pour un leader, digne de ce nom, de rester continuellement dans la prière et dans le jeûne afin de combattre les démons qui veulent s'emparer d'eux.

Les forces des ténèbres peuvent éloigner le leader de Dieu s'il ne se laisse pas conduire par le Saint-Esprit qui vit en lui. Bien sûr, les leaders sont beaucoup plus persécutés par Satan parce qu'ils sont placés à la tête d'une équipe qui travaille pour Dieu. De plus, si les forces des ténèbres gagnent le combat sur un leader, cela signifie que le Saint-Esprit n'a pas approuvé son travail. Donc, l'onction de Dieu doit couler constamment sur lui afin de ne pas tomber dans le piège du diable.

En outre, Satan est un être très persistant. Quand il tentait Jésus, il l'a quitté que pour un instant (Luc 4 : 13). Chaque fois que nous faisons face à une attaque démoniaque, nous devons être conscients de cette nature persistante. Nous devons le contrer avec détermination. Satan n'abandonnera jamais tant que nous sommes encore vivants sur cette terre.

Cependant, Dieu nous donne de l'endurance spirituelle afin que nous soyons capables de résister aux assauts du diable. Un vrai leader ne doit jamais cesser de jeûner parce que l'adversaire rôde autour de tous les chrétiens particulièrement le Berger. Satan nous fait des suggestions charnelles mais il revient à nous de résister. Nous sommes constamment poussés par le diable à succomber à la chair. C'est pourquoi il est important pour le leader de rester très loin des pratiques démoniaques.

Conclusion

Il est important de rappeler que Dieu nous exige une vie de sainteté pour notre bien, car la Bible dit : « nos pères nous châtiaient pour peu de jours, comme ils le trouvaient bon; mais Dieu nous châtie pour notre bien, afin que nous participions à sa sainteté (Hébreux 12 : 10). A priori, un châtiment est source de tristesse et d'angoisse. Toutefois, nous avons cette assurance en Christ que toutes choses concourent au bien de ceux qui aiment le Créateur lors même que la situation nous rend inconfortables (Romains 8 : 28).

De plus, la première mission d'un chrétien sur terre est de témoigner pour Jésus en s'inspirant de sa vie. Cela ne peut être possible sans une vie de sainteté parce que Dieu lui-même est éminemment Saint et le mot renvoie à sa perfection et sa pureté absolue. D'ailleurs, notre salut en dépend parce que la sanctification fait partie des actes rédempteurs.

La sainteté est d'ordre individuel. Chaque personne est responsable individuellement devant Dieu. Chacun doit s'efforcer de mener une vie qui plaît à Dieu afin d'être toujours en bonne relation avec lui.

Pour cela, le croyant doit se mettre à part pour Dieu, se séparer du monde en consacrant sa vie à celui qui l'a créé. Cette séparation est nécessaire pour que le Saint-Esprit puisse demeurer en nous. Jésus nous a exhorté de renoncer à nous-même et de nous charger de notre croix si nous voulons le suivre (Matthieu 16 : 24).

Jésus a été agréable à Dieu à tous les points de vue, obéissant jusqu'à la mort (Philippiens 2 : 8). En d'autres termes, il a vécu une vie sainte et irréprochable, non pas parce qu'il n'a jamais été tenté ou oppressé par Satan le diable, mais il puisa sa force dans une parfaite communion avec le Père en vue de ne pas être ébranlé face aux assauts répétés du diable.

Toutefois, en Jésus cohabitait deux (2) natures, il fut cent pour cent (100%) homme et cent pour cent (100%) Dieu. J'attire votre attention sur le fait que Jésus avait la nature humaine et non la nature adamique qui est synonyme de nature de pécheresse.

Suivre l'exemple de Jésus nous conduit non seulement vers une vie de sainteté mais aussi nous aurons la force de résister aux esprits malfaiteurs qui nous poussent vers le péché. Cependant, aucune vie de sainteté ne peut être envisagée sans la présence du

Saint-Esprit qui est un agent de la sanctification de l'être tout entier.

La vie de sanctification exige aussi une vie de soumission et d'obéissance à la Parole de Dieu qui débouchera indubitablement sur une vie de foi sans laquelle nous ne pouvons pas lutter contre les ruses du diable. Ce dernier nous persécute principalement de trois (3) façons à savoir la convoitise de la chair, la convoitise des yeux, et l'orgueil.

Le diable essaie de nous faire croire que, puisque nous sommes dans la chair et que la chair est faible, nous ne pouvons pas vivre saintement. Il veut nous convaincre que nous ne pouvons en aucune manière nous échapper du péché quotidien. Je vous le répète mille fois et une fois que le diable est un menteur. La vérité est que Dieu nous a ordonnés d'être saints. De plus, notre sauveur Jésus a condamné le péché tout en étant dans la chair (Romains 8 : 3).

Les leaders ont aussi leur part de responsabilité. Ils auront à rendre compte des brebis que Dieu leur avait confiées. Les leaders doivent faire honneur à leur statut de défenseurs de la Parole du Seigneur en incitant le peuple de Dieu à pratiquer une vie de sanctification. Ils sont de simples messagers de Dieu et ne doivent sous aucun prétexte prêcher la tolérance au péché dans le but d'avoir la sympathie des pécheurs.

La vie de sanctification ne signifie pas qu'on soit exempts de difficultés. S'il faut perdre des amis, des emplois et des privilèges de toute nature pour vivre une vie de sainteté, il faut le faire car l'amour de Dieu pour nous n'a pas de prix. De plus, cela ne servirait à rien à un homme de gagner tout le monde s'il perdait son âme (Matthieu 16 : 26). Donc, nous devons témoigner notre reconnaissance envers Dieu et opter pour le salut peu importe les surprises que nous réserve le monde.

Nous devons avoir en tête que la vie de sainteté n'est pas un rêve inatteignable. Sachant qu'il est le Dieu qui éprouve le cœur et sonde les reins (Jérémie 17 : 10), s'il nous a ordonnés d'être saints, il sait très bien que nous en sommes capables.

Pour y parvenir, le chrétien doit se laisser guider par le Saint-Esprit, en faisant de la foi son bouclier, en obéissant à la Parole de Dieu, en investissant du temps dans le jeûne et dans la prière et en s'abstenant de toutes les convoitises. Par cette posture, le croyant sera vrai et sincère dans la recherche de la sainteté sachant que le but ultime de la sanctification est d'être vraiment comme Dieu.

Ainsi, Nous vivrons une vie de sainteté dans la crainte de Dieu et nous attendrons le retour de Christ sans anxiété.

Vivre la vie de sainteté !

Bibliographie

David K. BERNARD, Loretta A. BERNARD, *A la recherche de la sainteté,* (version électronique), 2017, 293 pages.

Joseph PRINCE, *Spiritual warfare,* (version électronique),2005, 80 pages.

Dag HEWARD-MILLS, *Vaincre l'activité démoniaque* , (version électronique), 2008, 17 pages.

Dennis BURKE, *Comment méditer la Parole de Dieu,* (version électronique), 30 pages.

Kenneth HAGIN, *Conduit par l'Esprit de Dieu,* (version électronique), 79 pages.

Jason K. ALLEN, *Discerning your call to ministry,* (version électronique), 217 pages.

Guy GOUJOU, *Le chemin d'un fervent militant du royaume,* (version électronique), 103 pages.

Danie VERMEULEN, *Comprendre le combat spirituel et les forteresses,* (version électronique), 53 pages.

Dallen GARRIS, *4 étapes pour un réveil spirituel,* (version électronique), 57 pages.

Yonggi D. CHO, *La prière, clé du réveil,* (version électronique), 110 pages.

J. Heinrich ARNOLD, *Discipleship,* (version électronique), 112 pages.

Rick WARREN, *Une vie motivée par l'essentiel,* (version électronique), 131 pages.

Frank Hammond, *Repercussions from sexual sins,* (version électronique), 47 pages.

La Bible du Semeur.

La Bible Thompson.

La Sainte Bible avec les commentaires de John MacArthur.

La Sainte Bible Esprit et Vie.

La Sainte Bible Scofield.

www.ingramcontent.com/pod-product-compliance
Lightning Source LLC
Chambersburg PA
CBHW060331130626
46553CB00003B/963

9798988791300